無形網絡元素

豐盛顯化最關鍵的環節
連結宇宙無形資源網，轉動財富與成功的顯化密鑰

Robert Scheinfeld
羅伯特・薛弗德

張家綺
譯

目錄

推薦序｜把靈性高維心法，轉為成功學活用／周介偉　4
推薦序｜成功的無形要素／羅伯特・艾倫　6
作者序　9

第 1 章　終極「內在人脈」網絡　21
資訊倉庫｜聯絡總機｜解鎖高成就的 7 步驟

第 2 章　使出百搭牌　37

第 3 章　為何 10 大元素不夠用　45
1 號元素：欲望
2 號元素：信念
3 號元素：吸引力法則（或是「心想事成法」）
4 號元素：設定目標
5 號元素：效法典範
6 號元素：擬定清晰詳盡的計畫
7 號元素：即刻採取重大行動
8 號元素：堅持不懈
9 號元素：想像畫面
10 號元素：肯定句

第 4 章　遊戲規則　63
第 1 步：擴展和闡明你的理想成果
第 2 步：打造求助方案，得出最優成果
如何擬定求助方案

第 5 章　催下你的油門　109
第 3 步：提交求助方案，請內在執行長批准
第 4 步：獲得批准
第 5 步：善用無形網絡取得協助
第 6 步：精準審查，決定規劃

第 6 章　光速衝刺　121
第 7 步：實現成果
接收到內在執行長的指導策略

　　　　　學習消化內在執行長發出的訊息
　　　　　情報和指導實現成果的例子

第 7 章　留意躲過雷達偵測的資訊　155
　　　　　趁不相符的情況造成影響前解決問題
　　　　　主動出擊，在主自傳檔案中增添正面的有利紀錄
　　　　　揪出目前造成負面影響的紀錄或不相符內容，改寫或消除內容

第 8 章　銷售員、行銷、口碑之外的真正推動力　167
　　　　　密切關係人｜潛在客戶和顧客｜主自傳檔案推動商業成功的案例

第 9 章　學習何時保住底牌，何時棄牌　185
　　　　　你原本的求助方案不夠清晰明確
　　　　　主自傳檔案紀錄影響到你的求助方案
　　　　　你要求的結果終會成真，只是時機未到
　　　　　你要的（甚至更好的）結果已經實現，只是你沒發現
　　　　　內在執行長婉拒了你的求助方案，或是擱置暫緩
　　　　　如果你不知道怎麼進行，怎麼做才好

第 10 章　下一站：財富　199
　　　　　第 1 課：多數人都忘了，賺錢術其實只有 3 種
　　　　　第 2 課：金錢能換來更多自由，對你卻不見得是好事
　　　　　第 3 課：除非時機成熟，否則成功不會輕易降臨
　　　　　第 4 課：一般來說，你知道的越少，對你越好
　　　　　第 5 課：金錢通常是一種乘法，準備好迎接加乘效應
　　　　　第 6 課：成功並非人人必須達成的任務

第 11 章　如何當個有錢人　213
　　　　　財富和成功到手後，放大你得到的好處
　　　　　克服財富和成功帶來的挑戰
　　　　　事業有成、財富入袋後不忘助人，為社會盡一份責任

第 12 章　執行第 11 元素　227
　　　　　如何馬上收割第 11 元素系統的好處
　　　　　內在執行長總是盡心盡力在幫你

附　　錄　如何揪出並消除負面檔案　235
　　　　　消滅負面或限制性的主自傳檔案紀錄（負面檔案）模板
　　　　　消滅負面檔案

推薦序
把靈性高維心法，轉為成功學活用
周介偉

　　10年前有幸到南京茅山參加了羅伯特老師的中文成名作《你值得過更好的生活》3天工作坊，他是一個非常聰明靈活的教育者。他擅長把靈性圈使用的一些高維心法，很巧妙的系統化整理成理性可操作的工具，讓一些玄妙難懂的靈性心法，聽起來、用起來像是管理學或成功學的技巧般，讓人能夠一步步按圖索驥，照表操課而發揮效用！

　　像他的暢銷書《你值得過更好的生活》當中所提倡的「流程」，就是心靈領域直接面對痛點不逃避，然後運用「凡事沒有意外」、「所有事物的發生都是為了我而來」、「每件事情的背後都有禮物」的高維觀點心法，來取代和釋放面對困難時的失望沮喪負面情緒，進而讓身心立即「彈射」回正能量狀態。

　　而這本書羅伯特老師則是用了靈性領域很高端的一個元素，那就是大我（高我、超意識）。

　　本書的前10個元素，整理了心想事成法當中的許多重要元素技巧，包含：信念、設定目標、標竿學習效法典範、視覺化、採取適當行動……等等，然後他指出了一個高於這些元素技巧

的更大要點「內在執行長」，針對這個「內在執行長」我個人的理解，是他綜合了心理學中的超意識，與靈性圈裡面所謂的「宇宙管家」和「大我」的力量。

在靈性領域裡面我們相信，整個宇宙和大我是非常樂於幫助個人在這人間劇場去創造和體驗所有你的願望，好在其中藉假修真，獲致靈魂意識的提升。我們小我的腦袋再聰明，眼光也是極其有限，無法看到更高更廣的全視野，而大我卻可以如在太空的衛星般，綜覽你人生的全景，給你如GPS的最佳預告和有效指引。所以「祂」更懂得提供給你契合起心動念和目標，以及更適合、更快的捷徑與方法。

羅伯特老師將其溝通工具系統化後，其實這就是個非常好的釐清初衷、請求靈感、資源援助，甚至還可以緊急求助的過程，也讓你在這過程中學習練習運用感受直覺接收靈感等心靈力量。

有時較為感性或靈性的朋友很容易思緒「飄」逸，而缺乏具體行動步驟；太邏輯理性的朋友則容易只靠大腦強行思考而行，而不懂得運用高維的心靈助力。而這本心法工具書，正是讓不論是理性或感性的朋友，都可以拿來綜合補強自己習慣的思想和行事方法，讓自己的人生更加順遂，推薦你一讀並實際應用它！

本文作者周介偉為光中心主持人

推薦序
成功的無形要素
羅伯特・艾倫

過去25年來,我自己不斷開創財富、事業成功,打造多條收入管道,也指導別人。我從個人經驗得知,**成功要素分成兩種:有形和無形。**

有形的不外乎是人才、構想、資源、技術、策略,也就是成功學中最常聽見的那幾種。

無形的則是運用有形要素的無窮原始力量。**許多世上最成功人士都承認,他們都是多虧無形的力量才有今日的成就,也知道無形的世界就是創造財富的肥沃源頭。**

在我的人生中,有些高成就確實多虧無形世界。你是否也曾有過某種直覺?即使內心有些部分不太確定,但某部分的你卻相信自己做對了?其實,我通常也會傾聽自己的直覺,也正因如此,我才會在1970年代房價上漲前投資房地產。

還有一次我聽從直覺,暫緩投資顧問的事業,創作出第一本書《零頭期款》(*Nothing Down*),初試啼聲的新作家能出書的機率可是萬分之一。

我內心一部分很清楚,只要我聽從直覺,好事就會發生。

我是怎麼知道《零頭期款》會登上《紐約時報》暢銷書榜的呢？甚至第二本著作《創造財富》(Creating Wealth)也榮登暢銷書榜。後來我又聽從直覺開了幾家國際會議公司，接踵而來，那15年總收入超過1億美元。

這種直覺是哪裡來的？我怎麼會有這種直覺？為什麼？這還只是你即將探索的冰山一角，也是為何我引領期盼鮑伯[1]在書中分享的素材。

許多成長勵志書講的都是破解成功與財富的有形要素，雖然有些書也探究成功的無形要素，卻沒有一本像鮑伯的《無形網絡元素》，如此準確完整描繪出無形成功要素「領域」的地圖。

除了描繪出無形領域的地圖，他還提供按部就班的系統和工具箱，讓你馬上就能運用手邊的強大資源。

系統和工具箱省時、省力又省錢，有錢人都有一套長期試驗得出的系統或「成功公式」，讓他們在市場和特定領域上得心應手，占有一席之地，並且反覆按部就班使用同一套公式，再次如法炮製出成就。

有了全新地圖、系統、工具箱，你就擁有生產效力，正如鮑伯所說：「成果卓越，省時省力，又樂趣無窮。」

你很快就會在書中讀到，鮑伯也是利用同樣一套地圖、系統、工具箱，為自己和幾組客戶開闢出色成就，他用自己的方

---

[1] 指作者羅伯特・薛弗德(Robert Scheinfeld)，在英文中，羅伯特這個名字一般暱稱鮑伯(Bob)。

法生財致富、成就非凡,他的客戶跨越各領域,包括家庭事業、小公司、網路公司、實體零售業者,甚至財星500強公司。

無論你的現況或抱負是什麼,這本書的智慧將會顛覆你的世界和財務,你則是每天都能享有理想成果。

鮑伯利用《無形網絡元素》破解密碼,以破天荒的速度取得事業突破,無論是行政人員、經理人、直銷業務,抑或企業家,若想打造和增加個人財富與自由,我認為《無形網絡元素》都是書架上必備的好書。

本文作者羅伯特・艾倫(Robert G. Allen),個人著作包括《零頭期款》、《創造財富》、《多元化收入》(*Multiple Streams of Income*)、《多元化網路收入》(*Multiple Streams of Internet Income*),以及與馬克・韓森(Mark Victor Hansen)共同執筆的《一分鐘億萬富翁》(*The one Minute Millionaire: The Enlightened Way to Wealth*)。

作者序

1969年8月，一個陽光普照的週六早晨，我在瑞士克萊恩（Cranes）一間咖啡店和一位七旬老翁喝熱可可。老翁創辦了一間數百萬美元資產的財星500強企業，累積巨大個人財富。我很開心有這個機會，可以挖掘他事業有成背後的完整祕辛，最後他放下熱可可，對我說：「你不斷拿問題轟炸我，現在讓我告訴你真正的祕密……」

我連續幾個鐘頭全神貫注，聽他講述當初是如何運用鮮為人知的策略、思維、手法，創辦萬寶華公司（Manpower, Inc.），打造世界最大臨時工服務，累積營收上看幾10億美元。

「創造財富牽涉林林總總的元素，」他告訴我：「每個元素都很重要，但有一個元素卻是關鍵，也是凝聚所有要素、發揮整體效用的『主控制鍵』，而我掌握了這項無人知曉的要素。只要**你**成為這方面的大師，事業成就和財富就能衝上高峰。」

這位人士就是我的祖父，亞倫・薛弗德（Aaron Scheinfeld）。

我和爺爺聊了好幾個鐘頭，緊接著那一年他開始傳授我這套系統，運用我後來取名的「第11元素」，開創事業成就、累積財富。

我為什麼說這是「第11元素」(the 11th Element)？因為近年來有不少作者發明成功致富系統，然而傳授讀者的整體成功術，說來說去都差不多是那10項元素，不外乎是：欲望、信念、吸引力法則、設定目標、效法典範、擬定清晰詳盡計畫、即刻採取重大行動、堅持不懈、想像畫面、肯定句。以上這些當然都很重要，卻唯獨少了一項事業成功和致富不可或缺的要素，要是運用得當，這項元素就能保證你事業一飛沖天。

他們都錯過我爺爺在瑞士咖啡店告訴我的第11項元素。

不巧的是，爺爺還沒教完我第11項元素就過世了，後來幾年我應用他傳授的知識，在31歲那年成為百萬富翁。

接下來7年我中了墨菲定律的計，凡是事業和財務上可能出錯的事，還真的全出事了。我在這7年間失去所有，存款從15萬3000美元變成負債累累，我不懂發生了什麼事，只知道自己深感迷惘憤怒，卻無法問爺爺：「你是不是有什麼事沒告訴我？」也不能問他「我疏忽了什麼？」或是「有什麼是我還不知道的？」

我能靠的只剩自己。

在這壓力爆表的7年之間，我實際應用爺爺傳授的核心策略，總算完整拼湊出這套系統，發展出我現今使用的系統，爬出財務谷底，重新打造事業和財務，表現一飛沖天，突破人生前31年的高峰，也改善個人生活品質。

現在輪到你了，換你挖掘我在那間瑞士咖啡店學到的東西，我經歷「墨菲定律」洗禮、拼湊出的幾塊遺失拼圖，以及我

從個人工作，以及和客戶、同事、顧客中共同摸索，反覆得出的一套改良版系統。

現在先來思考幾個問題。你是否曾經好奇，為何有些人總是想得到賺大錢的商業點子，或是商業機會源源不絕？會不會你本身就具備這種能耐，而你也想知道一切是怎麼發揮作用的？

先不論可能遭遇的障礙，你是否好奇為何有些人總能「在對的時間，出現在對的地點」，收割驚豔成果，「說對話」成功銷售，或者總是找得到方法「完成任務」？有些人似乎過著「魔法人生」，具備罕見的成功「本領」。

你是否曾經想像，要是想得出好點子、好計畫，找對人脈、培養對的技能、掌握到對的資金資源，運用對的系統，你能打造出什麼樣的財富、成就什麼樣的事業？

這絕對不是你第一次思考這些問題，而你即將挖掘前所未聞的真相，以及通常人們推給運氣、天時地利人和，或「在對的時間，出現在對的地點」說法背後的真實力量，以及一整套的簡易系統，可以快速運用在以下情境：

- 創業。
- 發展現有事業。
- 吸引和保留頂尖人才。
- 增加銷售額、利潤、收入、財富。
- 一路過關斬將，克服不可避免的挑戰。

活用第11元素系統，需要掌握以下4大關鍵技能：

1. 轉換思維，才能獲取、運用第11元素的力量。
2. 清楚知道自己**真正**想要什麼（而不是**以為**自己想要什麼）。
3. 運用第11元素尋求協助，獲得你真正想要的結果。
4. 接收到你要求的協助（絕對不如你想的那麼簡單）。

本書會揭露以上4大關鍵技能的掌握及應用祕訣，同時解說我、我爺爺、其他企業家是如何套用第11元素，打開財富大門，創造多數人夢寐以求的生活。

我剛展開個人事業時，運用了第11元素，成為電腦經銷銷售高手，後來擔任銷售經理、公關經理、區域經理、行銷主任、行銷副總經理、顧問、企業家時，也成果斐然。近年來，我持續在事業上運用第11元素，完成以下任務：

- 打造並執行讓東尼‧羅賓斯（Tony Robbins）多媒體研討會座無虛席的行銷模型。
- 刺激電腦經銷連鎖公司「美國點對點」（Connecting Point of America）的銷售利潤，3年內從9000萬美元成長至3億5000萬美元。
- 培養並經營藍海軟體（Blue Ocean Software）的「行銷機器」，讓該公司短短4年內從127萬美元衝上4430萬美元，更3度登上《Inc.》雜誌的500大公司名單。藍海

軟體的成長大躍進，外加驚人獲利，最後軟體龍頭直覺（Intuit）在2002年9月以1億7700萬美元收購藍海。

你還會讀到幾十個案例，說明我的客戶和同事是怎麼應用第11元素，開創和發展事業、增進收入、淨值成長、打造全新事業、寫暢銷書、幫助他人創業成功等。

全世界成千上萬名、橫跨各行業市場的企業家、經理、行政主管、直銷人員等人，都是應用第11元素事半功倍，成功制勝，同時更享受過程。以下就是應用第11元素系統的案例：

- 蓋瑞·克拉克（Gary Clark）原本只是貨車司機，後來成為電腦程式設計師，接著自己開公司當執行長，每年銷售額高達5200萬美元。
- 賴夫·貝克史特隆（Ralf Backstrom）在瑞典開了一間經營有成的公共關係公司。
- 比爾·哈里斯（Bill Harris）衝刺中心點研究機構（Centerpointe Research Institute）事業，年銷售額從原本的1萬2000美元，狂飆至460萬美元。
- 瓦樂希亞·羅耶（Valecia Royer）辭掉犧牲家庭生活的工作，開創自營會計事業，收入高又穩定，她因此能夠騰出時間陪伴家人。
- 鮑伯·瑟林（Bob Serling）從零打造一間軟體公司，僅僅17個月就以620萬美元出售公司，而且當時還適逢經濟

衰退期！

- 蘭迪‧葛吉（Randy Gage）從鬆餅屋洗碗工搖身一變，成為身價數百萬的大富翁。

這本書也揭露成功的國際品牌都是怎麼靠第11元素，才獲得今日成果，包括微軟（Microsoft）、星巴克（Starbucks）、耐吉（Nike）、銳跑（Reebok）、戴爾、維珍集團（Virgin Group）、維珍航空（Virgin Atlantic Airways）、肯德基（KFC）、溫蒂漢堡（Wendy's）、萬豪酒店（Marriott）、J.K. 羅琳的《哈利波特》效應、羅伯特‧清崎的《富爸爸，窮爸爸》品牌等。

利用第11元素原始力量打通任督二脈的人，都是世界創新人士，他們不斷力求突破，創造你在新聞中聽聞見識的成功故事。

不管你想從事網路創業、居家創業、直銷網絡事業、小企業、百萬美元公司，或是億萬美元事業都不是重點。你是否想靠交易股票或債券、房地產買賣，或進行其他投資賺大錢，也不重要，不管是什麼，你都能運用第11元素取得大躍進。

不論你的宣傳、營運、招聘、物流、銷售系統、行銷策略或其他商業層面是否有效率，第11元素都能給予你一條失落的連結，用你前所未見的方法，串連所有要素，就像是非凡成就和破天荒成長的催化劑，第11元素確實就是功成名就、致富發財的終極工具。

你和我（及本書所有讀者）都不一樣，每個人的渴望、需

求、面臨的挑戰、目標都不盡相同,背景、性格、環境、情況也是獨一無二,但我們都有一個共通點,那就是我們都得找方法銜接缺口。

如果你和我以及大多我聊過的對象一樣,那麼你多半已清楚自己的目標、希望獲得的成果,可能是帶動銷售、促進獲利、減少開銷、增進收入、吸引和保留頂尖人才、製造全新商品或服務、解決問題、智取擊潰競爭對手、辭去現有工作改以真正想做的事情維生,再不然就是想要開設或收購一間公司。

只是你還不太清楚,最可能帶你達成目標、獲得成果的最佳方法是什麼,也還不知道該怎麼更上一層樓,從目前的你進階到目標中的你(圖I.1)。

圖I.1　打造事業和財富的路上,天天有挑戰。

當你清楚自己目前的情況，也知道自己想達成什麼，卻不知怎麼跨過門檻，就會產生一個你必須銜接填補的缺口。

在事業有成、發達致富的過程中，最重要的就是銜接一連串缺口，為什麼？因為當你銜接起缺口，走到目的地，就會選擇一個全新目的地，這時又會產生另一個缺口。只要功成名就、發達致富的渴望不停歇，缺口就會不斷形成，需要你去銜接起來（請見圖I.2）。

圖I.2 你需要一個經過實證的有效系統，銜接填補不斷出現的缺口，事業成功、財富雙雙入袋。

以我個人參與過的成功故事來說，我並不是一開始就知道如何獲得最終成果，也不是馬上就得到能派上用場的成功必備要素，例如：人才、點子、技術、知識、資源。但我每次踏上全新旅程都自信滿滿，因為我知道我可以運用第11元素系統，銜接起所有缺口，獲取闖出斐然成果的必備要素。

為了闖出好成果，你需要一套經過實證的有效系統，銜接每天都會碰到的缺口，幫你找到成功必備的人才、點子、資源、技術、策略，而這些你都能從書中找到答案。

無論你的目標是大或小，使用書中的的祕密法寶，簡易照著「做法」和「步驟」，就能登上你意想不到的高峰。

第11元素就像電腦和網路，是一項超級強效的多功能利器，可以客製化並得出各種成果。以下是這套系統的應用，簡略說明第11元素可能帶給你的成效：

- **機會**：搶得最高潛力股先機（工作、公司、投資、合夥等），在事業成就和致富發達的路上推你一把。
- **銷售和行銷**：提高銷售額（電話、零售、直銷、網路、郵購等門路），改善你的潛在客戶開發系統，增進成交率、在你的市場領域變身龍頭老大、利用銷售和行銷搶得全面優勢。
- **產品開發**：改良現有產品或服務，或者增加全新產品及服務，帶給你更高銷售額和獲利。
- **人力資源**：吸引和保留事業成功不可或缺的頂尖人才（兼

職、全職或獨立承包商）。
- **財務**：為了開設公司或公司成長，增加所需資金，可能是內部現金流、銀行貸款、私人投資者、公開募股，也可能是其他來源。
- **動機**：發現及實施有效策略，訓練和驅策員工和銷售團隊，讓他們長期發揮最高潛能，拿出最佳表現。
- **行政事務**：利用外包、科技、人力資源，或結合以上幾種做法，找出最有效率又最符合成本效益的行政流程。
- **激發工作士氣、提升效率、減壓**：增加工作滿意度、團隊精神、興奮期待感受，面對迫在眉睫的期限、未達目標、為達所欲成果緊迫盯人的顧客，或是公司經營困難等情況，能減輕員工壓力⋯⋯同時享受過程，提高專注力和生產效能。

所謂的第11元素，指的就是你可能從沒想過的核心概念，尤其是公司或賺錢的情境，而且是建立於「專家」鮮少探討過的基礎。

不少初次認識接觸第11元素的人，一眼就能看出其威力和潛能，迫不及待地想應用及掌握這套系統。有些人則是認出核心概念，注意到似曾相識之處，對我說：「我好像其實早就認識這套系統，只是現在打亮聚光燈，讓我看得更清晰。」

不過還是有人抗拒或懷疑第11元素，如果你對第11元素的想法很「負面」，我建議你謹慎檢視與處理，並且去辨識你這

些反應的源頭，是否就是一直以來阻礙你釋放最大潛力推升事業與財富的門檻。千萬別忘了愛因斯坦說過：「一個新想法若乍看不荒謬，也就沒有什麼指望。」

這就是為何我剛才提到，運用第11元素的4步驟中，第1步就是改變心境思維。為了吸取你在書中學到的東西，你必須敞開心胸，願意「跳脫框架」思考。

把這本書當做一個拼圖吧。拼湊一幅拼圖時，你會把所有拼圖塊都倒在桌面，一開始也許看不出所以然，可是隨著你慢慢拼湊，拼圖就會逐漸浮現輪廓樣貌，等到你拼好足夠多的拼圖塊，「全貌」就會躍入眼簾。

你將會獲得一組名叫「打造事業與財富」的拼圖塊，等你把它們拼上原有拼圖，眼前就會出現全新「畫面」，你則能夠以驚人速度獲得大突破。

下一章我會以7步驟流程，向你介紹全新的拼圖塊，在那之前還是得先打穩重點基礎，其他章節再仔細說明這7步驟。

如果你試過其他「打造事業與財富」系統，卻沒獲得穩定的成果，就會發現全新的拼圖塊有如醍醐灌頂，也會很快發現打造事業成就和財富的方法，不是只有效法他人、擁有強烈欲望、設定目標、寫一份了不起的商業計畫、找一名成功的導師、僱用高手人才、想像成功畫面、運用潛意識，或是堅持不懈。

不論你追求什麼、目前面臨何種挑戰，我都誠心希望第11元素能助你一臂之力，大幅改變你的事業與人生。

我的用意是在你內心埋下一顆種子，在你讀完最後一頁、

放下這本書之後,仍能持續發芽茁壯。我希望我能在你心底激起全新思維,為你的事業生涯、財務、公司帶來嶄新可能。

我寫這本書的用意,就是打開有形和無形之間的通道,串連起可見與不可見、神祕與已知。愛因斯坦也說:「人類的情緒感受中,最美好的莫過於神祕感。神祕感就是驅動真正的藝術與科學背後的力量,一個人要是不懂得這種情緒,就不再好奇、不再讚嘆狂喜,和死了沒有兩樣。」

現在就讓我們打開這扇門,好好走到最後,共同踏出事業成功和財運亨通的第一步。

CHAPTER 1

終極「內在人脈」網絡

世界比我們的眼界寬廣。 ——梭羅

真正重要的事物,肉眼看不見。
——《小王子》作者聖修伯里

我在這一章所要說的事，用「網路」來比喻最為恰當。為了奠定扎實基礎，我會先複習幾樣網路基本概念，你可能已經十分熟悉，也和幾千萬人一樣，你可能已經把網路用於：

- 搜尋資料和資源。
- 分享資訊。
- 與人交流。
- 買東西。
- 賣東西。

網路是一種強大利器，讓人做到之前辦不到的事，辦得到的事現在也能更快更有效率地完成，不過想要享受這種好處，你就得先連上網路，學會掌握幾種搜尋及上網技巧。

說到底，網路就是一種連結幾百萬臺電腦的網絡，讓我們能以高速溝通交流，當你接上網路、運用網站、搜尋引擎、討論區、論壇、電子郵件等資源時，就能：

- 為全世界使用者提供產品和服務。
- 研究調查任何主題。
- 找工作。
- 填補職缺。
- 因應需求，找到並僱用各行業的自由業者。
- 神速聯繫在世界任何角落的所有人。

- 分享資訊和檔案。
- 其他。

雖然看似威力無窮，網路的能力實質上很有限。如果你想成功，還有一種網絡可幫你獲得所需協助，而且影響力遠比網路龐大，法力無邊，也不需動用電腦，而第11元素就是運用這種網絡的思維與系統。

網路串連人類有意識的層面，另一種網絡則是串起藏在知覺意識下的潛意識。曾有人形容，串連所有人的無形或潛意識網絡，屬於一種「新世紀」或「超常」概念，但如今世界各地的科學家都在記錄探討這類網絡，其中不乏哈佛大學、史丹佛研究所（Stanford Research Institute），以及許多私人機構。

其實你早就用過這種「無形網絡」。你敢說你不曾在事情發生前就有感應？還沒接起電話，就已經知道是誰打來？也許你曾隱約感覺到他人想法，或是他們接下來要說什麼。你的直覺是否曾獲得證實？要是碰到這種情況，你覺得你是怎麼知道的？

曾擔任耐吉高層主管的羅伯・斯特拉瑟（Rob Strasser）覺得，該公司應該投資全新的 Nike Air 系列球鞋，甚至不顧耐吉管理團隊的強烈反對，毅然決然推動專案，結果 Nike Air 系列成為耐吉史上最成功商品之一。你覺得斯特拉瑟的「感覺」是從哪來的？

在《硬碟：比爾蓋茲及微軟帝國的誕生》（*Hard Drive: Bill*

Gates and the Making of the Microsoft Empire）中，作者詹姆斯・瓦勒斯（James Wallace）和吉姆・艾瑞克森（Jim Erickson）如此描述微軟創辦人比爾・蓋茲（Bill Gates）和保羅・艾倫（Paul Allen）：「艾倫甚至比蓋茲更有本領，早就摸清未來3、4年的產業方向。」你覺得保羅・艾倫是從何處得到這種「靈感」？這些念頭一定其來有自吧！

　　已逝的億萬富翁、曾是世界首富的保羅・蓋蒂（J. Paul Getty），他和他的父親都擁有不可思議的天賦，能夠發現石油。你覺得他們這種「天賦」是哪裡來的？

　　你已在推薦序中讀到，羅伯特・艾倫利用各種直覺，成功打造億萬美元公司和龐大身家財產，你覺得他的直覺是哪裡來的？

　　要是你盯著某人，就算只是停紅綠燈時望出車窗，對方都會轉頭與你對視。這人「感覺得到」你正在注視他，也知道應該往哪個方向轉頭，才能與你四目相接。你覺得人們是怎麼知道你正在凝視他們？他們怎麼知道頭應該轉哪個方向？視線應該鎖定哪裡？

　　16歲那年某天的凌晨3點，我在從小居住長大的威斯康辛州密爾瓦辛，發生嚴重車禍。意外發生當下，我那本來睡得好好的母親突然驚醒，從床上坐起，心中有數我「出事了」。她怎會知道？

　　當你初次與某人見面，內心會產生某種強烈感受（要不是深受對方吸引、喜歡他們、相處舒適自在、可以信任他們，就

是不喜歡他們、相處起來不自在，再不然就是覺得對方不值得信賴），這種感覺是哪裡來的？

這些都是我們不自覺運用無形網絡的例子，每個人多少都有運用無形網絡的經驗。關於這類經驗，不妨問自己下列3個問題：

- 資訊是從**何處**來的？
- 我是**如何**取得這種資訊的？
- 我**為何**會得到這種資訊？

真正的問題不是「串連所有人的無形網絡是否真的存在？」這一種網絡真實存在，而且證據比比皆是，所以你真正要問的應該是「我該如何運用這種無形網絡，為我的事業和財富助一臂之力？」本書能提供你解答和方法，而且每個步驟都很簡單。

無形網絡的用途有兩種：

1. 資訊倉庫
2. 聯絡總機

資訊倉庫

網路的搜尋引擎蘊藏大量資訊，你可以運用搜尋引擎研究任何主題、需求、渴望。而無形網絡也有搜尋引擎，不過規模

更強大複雜,功能也很齊全。

世界**所有人事物**的資訊都會自動傳送並儲存在無形網絡的搜尋引擎,這種集合式資訊,我稱之為「主自傳檔案」(master biography files)。

舉例來說,要是在日本有人在尋找癌症療法、在澳洲有人開發某種產品、在南非有人擁有特殊技能、在美國有人提供某種特殊商品或服務,或在英格蘭有人應用全新策略,這些細節都會自動傳送到主自傳檔案,供你個人取用。無形網絡會即時不斷更新資訊,隨著世界各地發生的變化,時時刻刻更新。

這就是無形網絡的龐大益處之一,也足以解釋為何無形網絡能幫你銜接前述的缺口,取用超越意識層面的原始力量⋯⋯而且全靠你自己。

聯絡總機

為了實踐目標而尋求協助、提出具體協助的意願時,我們會不斷把訊息傳送至無形網絡(你可以把訊息想像成電子郵件或報章雜誌廣告)。

訊息在潛意識裡流經無形網絡,24小時不間斷。人們會回覆我們的訊息,而我們也會回覆他們。和意識表面的世界一樣,在潛意識世界裡,我們也討論協商、做出決定、達成共識:「要是你幫我這件事,我願意幫你其他事。」最後這會表現在意識表面,顯示在我們的生活和事業上。

如果你覺得網路很令人興奮,想像一下,可用資源和潛在可能要是放大幾10億倍會如何,這樣一來,你就能稍微理解,開始運用無形網絡可能帶來的效益。後面幾章你會讀到「原因」。

有件事你必定明白,那就是追求事業和財富時,流經無形網絡的情報訊息,才是最終成果的**主要推動力**,你在再熟悉不過的意識表面世界裡做了什麼,反倒不是關鍵。

無論你現在的事業或財務狀況如何,過去傳送至無形網絡的情報訊息,都不可思議又強大地形塑影響著其中的各個層面,像是銷售、獲利、收入、營運、員工、淨值、投資等方面。

同理,現在與未來傳送至網絡的情報和訊息,也會以不可思議又強大的影響力,左右你未來的事業和財富之路。

你已經知道電子郵件是怎麼運作,也清楚只要寄出20封電子郵件,在信中提出一個問題,就會收到答覆,讀到有形訊息。你也知道,要是從來不提出問題,就不能期望會得到答案。無形網絡的運作也一樣,如果你有渴望與需求,就必須主動尋求協助。

雖然表面上不見得是這麼一回事,但**在潛意識層面,人人都想幫助他人實現人生目標、完成使命,就像在網路上那樣,要是你好好提出要求,別人就會幫你**。只要你用對方式、找到對的人,請對方幫忙,就能得到你想要的正面答覆(這絕對是一門潛意識藝術)。

如果你想創辦公司、提高銷售額、優化獲利、增長收入、打造財富、改善生活品質,以下是你不可不知的事實和細節:

- 潛意識層面的無形網絡都是如何運作？
- 如何把你想傳達的情報訊息送至網絡？
- 如何接收到來自網絡的情報和訊息？
- 如何過濾及回覆他人的潛意識訊息（就像是回覆電子郵件）？
- 如何把情報和訊息流變成實際生活中的成果？
- 情報和資訊傳輸至網絡，獲得最高利益**之後**要做什麼？

看完這本書，你就會曉得要如何管理和進行上述行動。

或許你沒發現，但要是沒有在幕後默默協助你的網路服務供應商（Internet Service Provider，簡稱ISP）你就不能收發電子郵件、上網、使用搜尋引擎或下載檔案。關於這方面，無形網絡也是一樣。

使用無形網絡時，這個關鍵事實很重要，所以務必了解。

因為很重要，所以我再說一遍：若想使用網路，你就得請擁有設備、專業知識及技能的人幫你牽線，可能是 AOL（美國線上）或其他ISP。總要**有人**幫忙，你才能連線上網，否則單憑一己之力是不可能的（除非你擁有ISP設備和連結）。

幾乎沒有人從這個角度切入事業，不過其實你內心有一個我所謂「內在執行長」（Inner CEO）的情報員。內在執行長就是自我的一部分，屬於**你**非常私人的思想、意識、自我、存在，你想怎麼形容都行。

你和內在執行長的關係，很類似公司的首席執行長和行政

主管團隊,人人備受器重,貢獻一己之力,但唯獨首席執行長主導、握有終極決策權。

除了其他職責,內在執行長還得掌管內在網絡的連線(就像ISP),幫你管理進出無形網絡的情報和訊息流。你的內在執行長就是守門人,所有情報和資訊都要先經過它的關卡,才能進入無形網絡,或是送到你手中(請見圖1.1)。

等你讀過書中幾十個案例、在無形網絡中進行研究、寄送

圖1.1　你的內在執行長掌控無形網絡的連線,也替你管理情報和訊息流。

回覆訊息之後，你就會發現內在執行長會以你現在意想不到的方式，幫你創造收入管道和商機、找對人才、建立公司、優化獲利、增加收入、解決問題、致富發財、改善生活品質。

正因為擁有更寬廣的視野、掌握無形網絡的連線，你的內在執行長擁有的知識和資源，也遠遠超越你的意識知覺。即使你可能常有單打獨鬥的錯覺，但在追求事業成就和財富發達的路上，其實你並不孤單。你的內在執行長和無形網絡會組成支援小組，替你分憂解勞，你踏出每一步，都有它們從旁協助。

你的內在執行長365天全年無休，無時無刻躲在幕後努力，就為幫你達成目標。可惜的是，恐怕從來沒人告訴過你：

- 你有一個幫你連上無形網絡的內在執行長（就像ISP幫你連上網路），它會在你拚事業和財富時，躲在幕後默默參與管理。
- 內在執行長在你日常生活、事業、賺錢方面實際扮演的角色。
- 內在執行長都幫你做（以及不做）哪些事，以及他都是怎麼幫你達成目標？
- 該如何聯繫內在執行長、與他正面溝通、徵求解答、請他協助工作案、利用無形網絡？

外界的人脈網絡是一種強大策略。內在世界的人脈連結，也就是與內在執行長聯手，運用無形網絡，則是一種飆速成長

策略，你的內在執行長就是你的終極內在人脈。

先前我提到自己出了重大車禍，而我母親從睡夢中驚醒，感知到我出事了；我也講到有時你電話都還沒接起，就已經知道是誰打來；別人還沒開口，就知道對方要講什麼；或是感覺得到有人正盯著你。

以上這些例子，都有人透過網絡收發訊息，你可以說這種接收過程是一種直覺、本能、第六感，想怎麼形容都行，但這種透過無形網絡接收訊息的能力，就是一種終極力量。

為了在追求成功財富的路上獲得最高成就，你就必須學會透過無形網絡收發情報和訊息。無論你想要什麼成果、為了成功有意識地採取哪些行動，你都得和內在執行長攜手合作，透過無形網絡收發訊息，才能增加成功機率。

世界上有人能幫你建立公司、創造財富，而且他們現在就正把訊息送至無形網絡，關於他們的活動情報也儲存在那裡。想像一下，要是你能利用廣大情報倉庫、接收他們的訊息、聯繫上其他能彼此互惠的人，你的世界會出現多麼驚人的變化。

無論你想要哪種成果、你處於什麼樣的特殊情況，無形網絡儲存的某些技術、策略、資源、人才、點子，都能提供你完美的解決方案。想像一下，要是你能獲得並且活用這些資源，在成功路上推你一把，你的世界會出現多麼驚人的變化（請見圖 1.2）。

你的內在執行長想通知你訊息寄到無形網絡後的進展，或是想回應你提出的求助方案時，有時會傳送訊息給**你**。想像一

下，要是你每天都能輕易接收內在執行長的訊息，你的世界會出現多麼驚人的變化。

所以說，無形網絡的情報和訊息都對你形成極大影響，有些對你有幫助，能正面輔助你成功制勝，有些情報和訊息則可能傷害你、限制你、礙手礙腳，導致你無法發揮潛能。

除了學會透過無形網絡收發訊息，你必須揪出無形網絡中活躍的訊息和情報，強化對你有助益的情報、改變扯你後腿的訊息，而這本書將會傳授你方法。

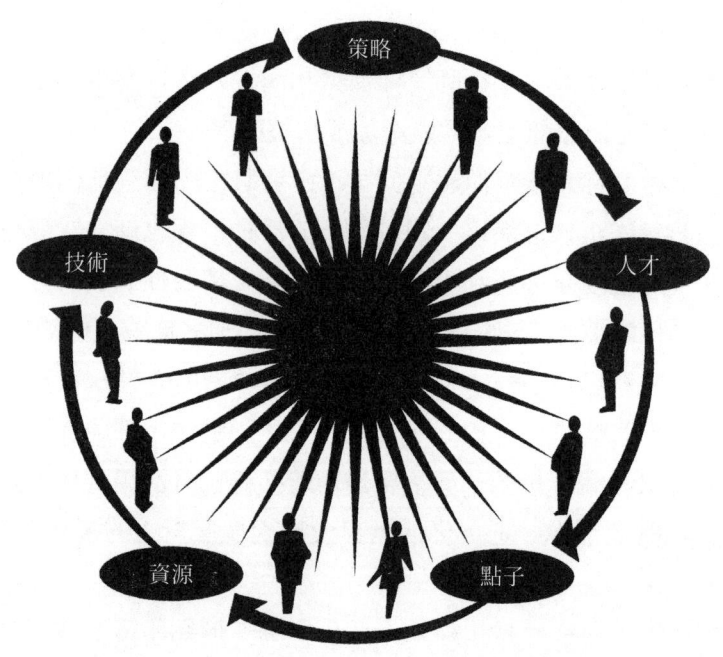

圖1.2　事業成功和財富之路需要人才、點子、資源、技術、策略。

日常生活中，我們都不敢告訴別人自己的祕密。我們閉口不談，有時很難對人敞開心胸、認識他人，或是讓對方認識我們。有的人在某些方面會說謊或扭曲真相，然而在無形網絡中，潛意識層面毫無祕密可言。

正因為情報毫無遮掩地儲存在無形網絡，你的內在執行長（以及其他人的內在執行長）能得到關於所有人全面、未經修飾的情報，為了在幕後推動我們成功，內在執行長彼此之間也會不斷溝通交流。

當你和其他人以電子郵件、電話、本人、信件、廣告、網站、收音機或電視聯絡交流，從表面來看，他們似乎只知道你告訴他們的事，但是就無形網絡和內在執行長運作的潛意識層面來看，我們之間其實沒有祕密。

從無形網絡接收到他人（或你的內在執行長）的訊息後，你就能在僱人、產品研發、行銷、解決問題、決策方向等，做出更好的決定。至於如何接收訊息，第6章會提供指導教學。

解鎖高成就的7步驟

如果你想開公司或買下一間公司，你的內在執行長會研究無形網絡中的情報和訊息，協助你做出最佳選擇，踏出成功的第一步。如果目前你有一家公司，那麼傳送至無形網絡的情報和訊息，就會影響你的銷售額和獲利，決定進出你公司的人（包括員工、合夥人、客人）可能對你造成的影響，以及你可能對

他們造成的影響。情報和訊息就像磁鐵，會吸引「對的」人和資源，排斥「不對」的人。

有篇電話公司廣告說，我們要利用電話系統「主動聯繫他人」，所以當你運用第11元素，就等於使用無形網絡「主動聯繫」你的內在執行長，接洽尋覓最能幫助你的人才、點子、資源、技術、策略，方法就是套用以下7大步驟，在此我先稍微介紹，後面幾章再進一步細談：

1. **擴展和闡明你的「理想成果」**。第一件要做的事，就是明確說明你現在希望得到哪種幫助，接著擴大說明你的展望，定義你希望成就實現時的生活狀態。
2. **打造求助方案，得出最優成果**。一旦清楚你需要的協助及個人偏好的生活狀態，接著就得向內在執行長正式提出求助方案。寫一份求助方案很簡單，但是有幾個必須遵守的指導方針，才能確保得到最多好處。
3. **向內在執行長提出求助方案，等待審核批准**。擬好求助方案後，就等著交給內在執行長請它通過，進行下一步。
4. **通過批准**。在求助方案寄至無形網絡收取回覆，以及內在執行長運用無形網絡搜尋引擎，進行研究調查和精準審查之前，你的求助提案得先獲得批准。和公司領域一樣，不是所有提案或專案都會獲得批准。
5. **善用無形網絡找對人幫忙**。如果求助方案獲得批准，接著就會寄送到無形網絡，很類似利用網路寄發電子郵件。

但內在執行長不必知道要寄給誰，它也沒有電子郵件地址，無形網絡會自動把求助方案轉發給最可能幫上忙的人。此外你的內在執行長會開始使用無形網絡的搜尋引擎，進行研究調查，展開其他無形網絡活動。

6. **精準審查，做決定，擬定計畫**。求助方案寄至無形網絡後，其他內在執行長會回覆，就像是回應報章雜誌的廣告。你的內在執行長會統整組織它研究蒐集的所有情報和資源。接下來就是討論和協調，做決定、選擇、協議、行動計畫。
7. **實現成果**。你的內在執行長完成研究調查、精準審查、商量協議、計畫階段之後，就會實際運作，獲得所欲成果，在最佳時機、用最好的方法解鎖高成就。

套用這7大步驟，加上經過實證的做法，你就能善用第11元素，省時省力獲得理想亮眼成果，同時享受無窮樂趣。第4、5、6章將深入探討這7步驟。

既然你已經認識了無形網絡和內在執行長，現在就準備就緒，探索人生最強力量的真實本質。想要了解更多，就請跟我翻到第2章。

CHAPTER

2

使出百搭牌

每位玩家都得接下人生發給他們的一副牌。一牌在手後各憑本事,贏得這一局。
——伏爾泰(1694～1778年)

切勿遵循道路前進,在荒野中開闢一條路,留下軌跡。
——蕭伯納

流行文化中廣泛使用的詞彙「百搭牌」(wild card)，通常具有兩種意思：

1. 用在打牌上，就是指一張可任由玩家指定意義的牌。舉例來說，在某局撲克牌遊戲中，J若是百搭牌，拿到J的玩家，可把它當成任何一張牌來用，以增加自己的勝算。
2. 一般流行用語上，「百搭牌」是指不可預測或無法預測、卻具有深遠影響的要素。例如：一場審判出現意外目擊證人，經常就被視為左右判決的「百搭牌」。

你追求事業和財富的路上也有百搭牌，通常會以意想不到或難以預料的形式出現，而且會對你造成重大影響。

現在我要你仔細觀察鮮少探討的真相，這也是你為了創造事業成就和財富去諮詢專家時，對方幾乎不會講的真相。真相就是**你來到這個世界，是有人生目標或使命的，有一件你人生在世必須實踐、貢獻、體驗或學習的事。而貢獻、體驗、學會你來到世界必須學的事，就是你的首要「工作」。**這是你來到世界必須踏上的旅程，而且非常重要，正如美國小說家李察‧巴哈（Richard Bach）所說：「想知道人生使命是否功德圓滿，審視標準如下：如果你還活著，那就還沒圓滿。」

《花生》(Peanuts)這部漫畫的作者查爾斯‧舒茲（Charles Schulz）說：「人們恐怕很難理解，怎麼可能有人生下來就是要畫4格漫畫，但我相信我就是那個人。」溫蒂漢堡的創辦人戴

夫‧湯馬斯（Dave Thomas）說：「我8歲那年就知道我想開餐廳……」麥可‧戴爾（Michael Dell）和比爾‧蓋茲年輕時就知道，他們的「命運」脫離不了電腦。諸如此類的例子多到說不完。

不是所有人都能**意識到**自己的人生使命（就算清楚知道自己的使命，也不表示就一定成功，關於這點後面幾章會再探討），但是**你的內在執行長很清楚你的使命，它負責掌管各種大小細節，以確保你完成使命，這就是它的工作！**

內在執行長對於你的人生使命與目標，以及人生大方向和長遠觀點的認知，都會影響它做決定、回覆你求助方案、管理無形網絡情報和訊息的方式。你可以把人生目標和使命當做一臺大型過濾器，所有渴望、需求、夢想、欲望都得先經過這一層過濾，才會真正實現（請見圖2.1）。

即使你或許沒清楚意識到自己的人生目標和使命，它們對你的人生、事業、財富追求仍然具有深遠影響，左右各種事情的發生，畢竟這些是你生命中最強大的驅動力。

換句話說，**你的公司不只攸關銷售、獲利、個人收入、產品、服務、員工、致富，而是你利用建立和經營個人事業、活動、經驗的過程，以及從中取得的優勢，幫你實現人生目標。**

講回百搭牌的定義，以下是兩大核心概念：

1. 玩家能決定某張牌的價值意義，創造出個人贏面最大的局勢。
2. 不可預期卻具有遠大影響力的要素。

圖2.1　人生目標和使命會過濾及形塑你所有成果。

　　由於每個人的任務大不相同,因此拚事業和賺錢時使出的百搭牌(以及我們指定的價值)都是獨一無二。把12個人帶進室內,問他們事業成功的祕訣,你會得到12種不同答案。事實上,縱觀世界各地的成功人士,每個人拚出成就時所走的路、做的事、使用的公式都截然不同,即使表面看似大同小異,但只要深入挖掘,你就會發現每個故事都獨一無二,背後原因就是每個人的人生目標和使命都不盡相同。

　　百搭牌的第二種定義,也就是無法預測,卻具有遠大影響

力的要素,可以分成3種:

1. 內在執行長在你不自覺下所進行的事(通常比你預期的要常發生)。
2. 為了回應你的求助方案,內在執行長展開的行動。
3. 為了你而精心安排的阻礙與牽制(這也比你預料的更常發生,無論表面看來如何,其實都算好消息)。

也就是說對你而言,你拚事業和賺錢的道路是獨一無二的。你的所有經驗都會經過客製化處理,為的就是協助你實現人生目標、使命圓滿,而你必須理解這一點,並且接受、預期、規劃屬於你的道路。

下面幾章我會告訴你,比起一般的解決方案、成功公式、聽信盲從,甚至是所謂專家的忠告,最好的做法還是尋找獨一無二的解決方法。

你和內在執行長聯手行動後,成就和財富就會自動上門。內在執行長就是你的資深合夥人,它會在你不自覺下過濾進入網絡的訊息,啟動任務(全是為了幫你實現使命)。向內在執行長提出求助方案、方案獲得批准後,你就會獲得結果。無論結果在你眼中是好是壞,你都會在追求成功的路上獲得不少經驗,而這些經驗都超越你有意識的意圖、預想、計畫,甚至理解,全由內在執行長掌管,你的使命和目標則是背後驅動力。

然而百搭牌的好處不僅如此,為了銜接缺口,讓你從目前

的你，發展成目標中的你，從當前局勢進展到使命終結，你需要穩定流通的人才、點子、資源、技術、策略。但什麼樣的人才最適合你以及你的特殊情況？哪一種點子？需要什麼樣的資源？哪種技術？什麼樣的策略？你又要怎麼選擇？

如果你為了找出答案，自己進行縝密的研究審查，就會找到下列答案：

- 選項很多，每個都自認最好，你只覺得頭暈腦脹。
- 專家心目中最好的做法多半都不同，反而讓你更頭大。
- 你不可能有餘裕或精神，去完成你列出的待辦事項。

一想到這項任務的浩大規模，又加上你對個人使命與人生目標的理解不夠，這種情況下要你「有意識又有效地」釐清可用選項，找出可行捷徑，選擇最適合你個人情境和需求的做法，幾乎是不可能的任務，就算可以，也無法有效運用你的寶貴時間。

你需要協助，這點大家都一樣。

你需要快狠準的有效方法，過濾邁向成功的可用選項和捷徑，以雷射光束般的精準度，瞄準「完美」符合你的特殊情境、渴望、需求的人才、點子、資源、技術、策略。

要怎麼做？和內在執行長建立關係，透過這層關係，汲取無形網絡豐沛的原始力量，在下面幾章你就會學到方法。

真正的重點如下：你內心深處必須理解一件事，那就是事

業和財富之路看見進化與發展，背後的驅動力絕對**不只有你以為**的欲望，也不是你從有限意識角度看見的那樣，你還得考量到（為了完成人生使命）背後有更龐大的力量、等待你實現的大格局目標，以及你的**真實欲望**。

因為你需要協助，去過濾篩選邁向成功之路的可用選項和捷徑，而正好你的內在執行長可以代勞，所以最好放掉你用意識掌控全局的欲望，讓內在執行長幫你在無形網絡中釐清方向。

常有人在第一次聽見百搭牌的概念時會問：「這意思是我的人生早已命中注定或有定論，我完全沒有自由意志或選擇權？」並非人生每個時刻都已經注定或已有定論，但某些大方向的主題、事件、人際關係、影響力確實已經決定。我是職業美式足球的粉絲，支持隊伍是丹佛野馬（Denver Broncos）。丹佛野馬在超級盃兩次奪勝，幕後推手就是4分衛約翰・艾爾維（John Elway）。要是你稍微研究約翰・艾爾維的人生，就會清楚發現他最主要的人生目標和使命，就是踢職業美式足球（主題），而他的內在執行長從旁助攻，精心策劃所有事件、人際關係、影響力，帶領他步向勝利。所以每場比賽的每一刻已經決定？並不是。他的整體勝敗率早有定局？絕對不是。他命中注定會贏兩次超級盃嗎？或是在那幾年間獲勝？當然都不是。

我相信和世界各地的廣大群眾分享第11元素與其系統運用，就是我的人生目標和使命。這種大方向的主題多半早已注定，但是每一天的細微末節並未預先決定，甚至連大致發展都還沒有定局。「飛行模式」決定了我們的日常生活經驗，這點下

面幾章會再講到。有多少事件和主題已經命中注定,全端看你的人生目標和使命,每個人情況大不相同。

當你應用第11元素逐漸看見進展,就會發現你和內在執行長的強強聯手,對於你的長遠成功至關重要,因為它深知你的使命、看得見全貌,也能幫你連上所有人都坦誠相待的無形網絡。

現在你已經認識了形塑與影響事業財富之路的百搭牌,了解它的真實本質,接下來就要轉換你的思維,讓你馬上澈底享受第11元素系統的優勢。

CHAPTER

3

為何10大元素不夠用

> 有人苦口婆心給我忠告時,我會洗耳恭聽,聽完後默默離開,採取完全相反的行動,這就是我的成功之道。
>
> ——英國作家切斯爾頓（G.K.Chesterton）

正如前文所述，市面上很多書籍都自稱提供事業和財富成功的超強系統，作者多半探究關注**10大元素**，聲稱這10大元素是人生完勝關鍵。可惜的是，傳統10大元素的探討並不完整，該系統的失敗率也很高。

正因為10大元素的迷思深深扎根流行文化，或許也深植你腦袋，所以講到真正有效利用第11元素的步驟前，我們必須揭開這些迷思的真面目，導正視聽，你才能帶著嶄新明確的強大思維，踏上成功的康莊大道。

利用第11元素打造事業和財富成功，有兩項必備前提：

1. 你的求助方案得先獲得批准、傳送至無形網絡。
2. 為了助你一臂之力，你的內在執行長必須運用無形網絡，尋找最適當的人才、點子、資源、技術、策略。

因此在選擇商業和財富成功策略時，你要捫心自問一個重點問題：「採用這個策略的話，無形網絡是否會接受我的求助方案，內在執行長是否也能利用無形網絡，協助我實踐專案？」

腦袋裡牢記這個問題，回想你現在所認識的無形網絡、內在執行長，以及你的人生目標和使命是怎麼當做過濾器，決定你人生中發生與否的事，那現在我們就來仔細探討這成功的10大傳統元素。

1號元素：欲望

專家表示，你得先對財富與成功有著熊熊燃燒的欲望，否則不可能實現。欲望可能是重要元素，但即使案例顯示，欲望強烈的人確實成就斐然，但也看見許多欲望不強烈卻同樣成功的例子。

J.K.羅琳就是完美例證。全球大熱門的《哈利波特》小說和電影的作者羅琳，是史上最驚人成功故事的真實化身，但當時羅琳只想要賺到剛剛好的錢，滿足她寫作的欲望，就是這麼簡單。我們晚點還會講到她的故事，現在只需要先了解一件事，那就是她並沒有心心念念想要發大財，而是無心插柳，成為世界最富有的人之一，也即將晉身首位擁有億萬美元資產的作家。

溫蒂漢堡連鎖餐廳的創辦人戴夫·湯馬斯也並未發下宏願，說要創立連鎖餐廳或累積龐大財富，而是單純喜歡從事餐飲業，原本只打算「在俄亥俄州哥倫布地區開3、4間餐廳」。

藍海軟體是我個人參與過最強大的成功故事之一，我和藍海執行長羅斯·霍伯斯（Russ Hobbs）初次合作時，並沒有刻意帶領公司發展成日後的樣貌，也沒預想到能為這麼多人創造大筆財富。

華倫·巴菲特（Warren Buffett）剛加入投資領域時，並沒有刻意想成為億萬富翁或世界首富，已不在人世的山姆·沃爾頓（Sam Walton）創辦沃爾瑪超市時也沒有這種想法。

在我的研討會、演講、私人諮詢過程中，常有人向我提問

這種現象,他們會說:「這些人都是無心插柳,為何反而那麼成功?」我每次的回答都一樣:「因為獲得人們口中的成就,正好符合他們的人生目標和任務,外加他們的內在執行長野心勃勃,在幕後督促他們,他們不自知而已,這種情況很稀鬆平常。」

另一方面,有些情況正好相反,有太多人抱著明確強烈的欲望,內心惦念著功成名就,事業仍然一敗塗地。或許你也是受災戶。

要是欲望真的那麼重要,就不可能有這種故事了。如果你仔細觀察成功富豪的人生,就會發現儘管他們確實有欲望,欲望卻絕非不可或缺的必備條件。**若要欲望發揮影響力,你的欲望就必須符合你的人生目標和使命。**

2號元素:信念

「只要相信,就會實現。」這是專家的說法。換句話說,你要先相信自己能打造事業和財富成就,否則就不可能發生。但要是更仔細看,你就會發現就算這種說法廣為流傳,還是不斷有懷著負面或局限思維的人晉身人生勝利組,也始終都有抱持正面強大信念的人不斷踢到鐵板,讓成功溜出掌心。

成千上萬的例子說明,儘管極度懷疑自我、對自己致富的核心點子缺乏信心,這些人反而飛黃騰達,財源廣進。

在這裡,J.K.羅琳又是一個好例子。羅琳嚴重懷疑自我,《哈

利波特》寫到一半數度差點宣告放棄，事實上，她說有次她正好請妹妹看部分手稿，當初要是妹妹不喜歡，她打算整本放棄，因為她對這本書的價值沒信心，偏偏她的作品還是成為史上最暢銷書之一。

在我的職業生涯中，內心也常常懷疑我所參與的工作案，負面想法不停在腦中打轉，要是你看得見我的想法與懷疑，恐怕很難相信我有今日的財富與成就。

但是我成功了，而且一次又一次接連不斷。

同理，我和墨菲定律糾纏的7年來，就算秉持正面信念也沒用。當時的我相信自己不會失足，可以維持成功態勢，但最後還是失敗了。壞運維持一陣子後，我告訴自己這種改變只是暫時的，我很快就能重新站起來，但失足的痛苦卻維持7年之久。

無論你抱持正面或負面信念，信念都不足以促成某種結果。和欲望一樣，如果你希望信念發揮影響力，信念就必須符合你的人生目標和使命。

別忘了，無形網絡過濾得出的情報和訊息，都推動你人生得到的所有成果，你的內在執行長則是管控資訊流。如果你有負面又限制性的信念，不相信自己會得到某種成果，然而這種信念不符合你的人生目標和使命，內在執行長就可能取消這種信念，信念因而失去影響力。

同理，如果你深信某種成果會成真，但這樣的信念不符合你的人生目標或使命，內在執行長也可能會打消你的信念，不

讓它發揮效力。

最後，要是內在執行長躲在你的潛意識裡默默耕耘，而完成這些工作正好符合你的人生目標和使命，不管你相信什麼，都完全不會造成影響。

和欲望相同，成功的人通常都有信念，但信念絕非必備條件。

3號元素：吸引力法則（或是「心想事成法」）

吸引力法則保證的是，你的人生會招來與自己主要思想相同的人與情境，可是和欲望及信念一樣，在人生路上，許多我們**主要思想和期待**（正面也好，負面也罷）都沒有實際發生。

看看自己的人生，你就會發現，許多情況下你有好事會降臨的強烈預感，但最後就是沒發生。同理，有時我們無法擺脫壞事會發生的強烈想法，壞事卻始終沒有降臨。這種概念定義為吸引力「法則」，然而如果真是法則，就必定屢試不爽，但事實證明吸引力法則並非萬無一失。

我還在努力解決和消除核心成因，但我可以告訴你，每逢公開演講或電視電臺專訪，幾乎每次輪到我開口或答題時，我都深信我一定會腦袋一片空白，出盡洋相，或有人反對我說的話，然而以上預想的狀況卻從未發生，一次都沒有。

你會慢慢發現，每種廣受流傳的成功元素都有不小的問題，問題主要來源就是我們的腦袋沒意識到，內在執行長默默

耕耘時，都是把我們的人生目標和任務當做過濾器，為我們決定人生中的大小事。

4號元素：設定目標

「設定明確目標，每天反覆檢視，你就必定成功。」這是一句常常聽見的精神喊話，但設定目標的失敗率卻奇高無比。

設定目標之所以重要，是因為你可以釐清自己想要什麼，你越是清楚目標，就越容易擬定提交內在執行長的求助方案。但是除了簡化求助過程，設定目標算不上是什麼神奇的逆轉勝策略。

事實上，設定目標最多只是一份你為達某成果、交到內在執行長象徵性的辦公桌的求助方案。到頭來，每天檢視目標並非必備或重要的過程。你的內在執行長收到求助方案後，只要它知道也還收得好好的，你就無需重複提出求助。這就類似請助理前往辦公用品店採購影印紙，當他們正準備出門買影印紙，你又拉回他們，再次要求他們去買影印紙，無止境重複這個過程。你第一次告知助理時，他已經收到訊息，也要執行任務，所以不需再提醒。

說到底，目標不過是有限意識的觀點做出的欲望宣言，可能深受朋友、同事、身邊親密的人、媒體、其他人左右，而他們要你專注的方向，都不符合你真實的人生目標和使命，最後當然是大多目標都無法實現，不是完全落空，就是和設想的結

果不同，就算是世界最成功人士也無法倖免。

5號元素：效法典範

專家會告訴你：「想要成功的話，就去參考一個事業有成的同行，去做他們也做過的事，你就會成功。」參考典範的概念其實是一種成功捷徑，不過這裡我們看見的一樣是漏洞百出的策略。

首先，如果你仔細觀察就會發現，他人在拚成就財富的路上**究竟**做了哪些事，我們幾乎不可能知道。很多案例已經說明，成功人士根本不知道、不記得他們做過的每件事。再說就算他們知道也還記得，多半時候也不會告訴你來龍去脈，因為他們會擔心要是公開所有祕訣，他們就會失去優勢（輸給現在或未來的競爭對手）。

再者，即使他們知道自己**以為**的成功祕訣，樂意與你分享，也無法告訴你，無形網絡的訊息或情報在成功路上扮演什麼角色，抑或內在執行長在幕後默默幫他們做了什麼。

第三，即使你可以完全如法炮製他人的成功步驟，你也不會想這麼做，為什麼？因為人是獨一無二的個體，每個人的人生目標、使命、內在執行長都是獨一無二的，多年來，內在執行長都把獨一無二的請求傳送至無形網絡，幫你研究調查，找出獨一無二的解決方案，打造獨特的成功道路。

就算你試著如法炮製別人做的事，也很可能不奏效。嘗試

複製策略時，你必須更動、改良、改寫、變化，以符合**你的**人生使命和目標，創造屬於你的真實成就。

效法他人可能有用，但你最終的重點應該是走出獨一無二的道路，這一點你會在下一章讀到。當你應用第11元素系統，重點是向內在執行長提出求助，找到客製化、獨一無二的個人解決方針，這才是真正的力量。與其複製他人做的事，和內在執行長與無形網絡攜手合作才是終極捷徑。

已逝的億萬石油大王保羅・蓋蒂（J. Paul Gett）在他的著作《如何致富》（How to Be Rich）中表示，每當聽見「我要怎麼賺進人生第一桶金？」這種問題，他都回答「我無法給你明確公式，但有一件事可以確定，那就是要是你的行為舉止、外表思想不再仿效某個麥迪遜大道（Madison Avenue）、威克大道（Wacker Drive）或是威爾榭大道（Wilshire Boulevard）[1]的大人物，而是試著當一個叛逆的人，活出自我，成為一個獨特個體，你就會詫異於自己的『神速進展』。」

蓋蒂又繼續說：「就我看來，沒人會因為循規蹈矩，而獲得長遠實際的成就，也很難因此『致富』。一個商人要是想成功，就不能光憑模仿他人，或是在思考和行動時逼自己套用陳腐老套的模型，而是特異獨行，有自己的思想和行動。他必須是一個創意十足、想像力豐富、足智多謀、自力更生的企業家。如果要我比喻，那這人就必須是富有創意的藝術家，而不該只

---

[1] 紐約市、芝加哥、洛杉磯的主要街道，摩天大樓林立的都會區。

是產業工匠。」

你要怎麼讓自己變成一個創意十足、想像力豐富、足智多謀、完全自力更生的企業家？當然是和內在執行長攜手合作，運用無形網絡。

蓋蒂又說：「成功商人不打乖乖牌，這點通常可以從他的公司運作和活動的手法看出端倪，而且一眼就看得出來。相較於沒那麼有想像力、也不那麼成功的同事或競爭對手，他們南轅北轍，非常離經叛道。」

麥可·戴爾也贊成這個方法，他寫道：「我們學到了不理會傳統觀念，我行我素的重要性。」

我不是說參照他人模型，或是從別人的成功故事中學習只是白搭，但運用無形網絡之後，內在執行長多半會帶你找到對你助益良多的導師。然而仿效典範時，必須保持清晰客觀的視角。我不曾參考成功人士的典範，也沒有完全照他們的方法做事，不過我研究過成功人士，觀察他們做過的事，然後和我的內在執行長挑揀選出幾項名人策略的特色，再不然就是改良他們的策略，變成屬於自己的東西。這才是你應該具有的思維。

6號元素：擬定清晰詳盡的計畫

大多專家會告訴你，「你必須打造清晰詳盡的計畫，欲望才可能實現。」計畫很重要，這點不容置疑，要是沒有擬定計畫，事業和財富之路就不可能成功。但你真正需要向自己提出

的關鍵問題是：該由誰來計畫？

以下是你要面對的問題：你我皆不知曉我們人生目標和使命的細節。我們不知道內在執行長正在執行什麼專案，也不知道它們過陣子打算啟動哪個計畫。情報和訊息無時無刻流經無形網絡，或許是關於我們、我們的專案，或其他助我們一臂之力的人才、點子、資源、技術、策略。無論我們技能多麼高超，還是有多聰明絕頂，計畫總是趕不上變化，無法跟上瞬息萬變的世界腳步。

結果就是我們從有限意識的觀點出發，**以為**自己想要的，和內在執行長從廣大框架的視角、人生使命和目標為主軸，看見我們的**真實渴望**，兩者之間存在著**巨大**差距。

舉個例子，我和藍海軟體合作的最後兩年，管理團隊正在集氣，準備首次公開募股（IPO），當時我們已萬事俱備，因為藍海的驚人成長和利潤收益，投資銀行家把我們視為下一季IPO的首輪新秀選擇，我們清晰縝密的計畫，目標都是2003年第1季公開上市。

然而最後卻因為科技公司的IPO市場無預警乾涸，暫時沒有強勢回歸的徵兆，整體計畫大轉彎。最後軟體龍頭直覺（Intuit）公司前來交涉，我們以1億7700萬美元賣出該公司。

我們當初的計畫是否出錯了？沒有。我們的明確計畫有哪裡不對嗎？也沒有，完全不是這麼一回事。我們按照計畫行事錯了嗎？答案一樣是沒有，但有件事不得不理解，那就是我們刻意制定的諸多計畫都缺乏有效的續航力，畢竟計畫都是依照

我們有限的觀點擬定。

　　就和你在拚財富成功的路上會看見的諸多案例一樣，即使規劃完善，藍海的有限觀點和「百搭牌」還是讓事情澈底逆轉。

　　我現在的計畫長遠至未來6至8個月，但最多就這樣。即使是這麼短的期間，我的計畫都可能全面翻轉或放棄。雖然我對未來多少有個概念、喜好、感受，卻沒有3年計畫、5年計畫，甚至10年計畫。為什麼？因為我看向眼前的未來，告訴自己：「有什麼用？我又不知道到時自己會變成什麼樣的人、需要或想要什麼，也不知道這段期間會碰上什麼機遇，更不知道內在執行長正在進行或未來會祕密實現哪些事，要是計畫終會劇烈生變，擬定長遠計畫又有什麼用？」

　　我這是在告訴你不要計畫，也不要照計畫走嗎？不是，我的意思是，要是你和內在執行長共同擬定計畫，而且計畫是利用無形網絡的情報擬定、管理、更新，你的成功率就會提升。

　　還有另一件事，要是你是以黏土打造計畫，而不是刻在石頭上，無法逆轉，後續還能依據情勢需求重新塑形，對你也比較好，下面幾章會更仔細探討這點。

7號元素：即刻採取重大行動

　　在心靈成長和商業理財書中，「採取重大行動」是一種流行概念，從這一秒就開始行動，每天都要採取能夠幫你達成目標的行動。行動，行動，行動，就是制勝關鍵。

我是一個主動出擊的行動派,但我學到一件事,那就是無論行動大小,有時「現在」是採取行動的**完美時機**,有時卻**不是**。

這本書的誕生就是完美例子。我當初希望這本書能由紐約的大型出版社發行,為了達成這個目標,我決定先找一個文學經紀人,於是有意識地運用第11元素系統尋找經紀人。同事介紹我認識許多經紀人,都沒人感興趣。於是我自己進行研究,將書籍提案寄給幾十位頂尖經紀人,卻始終沒人表示有興趣。

每次向經紀人毛遂自薦都「碰壁」收場,不過向內在執行長提出求助方案時,我注意到某件事,於是重新改寫整本書的理念和提案。我更換書中使用的案例、章節名稱、調動內文順序、改變描述概念的流行用語等。正因為我重做企劃,也因為我有了全新體驗和觀點,明白要怎麼有效描述我一直成功運用的素材,最後才能變更某些要素內容。

每一次的變更修改都讓我更自信樂觀,但是這兩年來,紐約大型出版社依舊沒有為我敞開大門。就連暢銷書作家介紹我認識經紀人或編輯,請他們收我為客戶也沒用。我做的每件事都「碰壁」收場。

我繼續按照內在執行長的指導,更動修改書籍內容,不斷寄出新書提案,並認真追蹤進度。某天,我把新鮮出爐的新書提案寄給4名頂尖經紀人,結果其中兩人致電表示想和我合作,其中一人還曾讓我吃了兩次閉門羹。

我選了麥克·布羅沙德(Michael Broussard)擔任我的經紀人,兩週後他將我的新書提案寄給9個紐約大型出版社的

人。麥克週二下午以航空快捷寄出提案,預計週三上午11點寄達,結果當天下午兩點鐘,麥克就接到約翰威立出版社(John Wiley & Sons)編輯艾蕾・史都華(Airié Stuart)的來電。編輯一讀完提案馬上說:「我要簽這本書,實在太令人期待了!」其他出版社也表達高度興趣,但我們最後決定和約翰威立簽約。

為什麼吃過無數閉門羹和「碰壁」後,一遇到麥克和艾蕾,進展就如此神速、輕鬆順利?那是因為這次我備妥對的書,碰上對的時機、找到對的經紀人、對的編輯,最重要的是,這完全和我的人生目標和使命相符。多虧我的內在執行長一直默默耕耘,我才有今日的輕鬆。

我相信對我而言,新書以這種方式登場很完美,但就我目前對第11元素培養的觀點來說(儘管我已經很熟悉這套系統,也運用得當,還是要不斷更新系統、升級洞察力),要是當初我稍微耐著性子,稍安勿躁,等待清楚指示告訴我:「就是**現在:上吧!**」我相信就能事半功倍,獲得同樣結果,過程中也不至於那麼氣餒(或許你哪天也會遇到類似狀況)。後面幾章你會讀到,怎麼接收到明確暗示。

用「時機就是關鍵」這種廣為流傳的說法,形容世界的運作方式確實完全沒錯。要是想獲得最高效益,你就要等待採取重大行動的最佳時機,至於何時才是最佳時機,只有你的內在執行長和無形網絡的情報能告訴你。

8號元素：堅持不懈

「堅持下去，永不放棄，你就會成功。」這句話聽起來耳熟嗎？可惜的是，光是堅持還不夠，這種成功策略根本漏洞百出。

如果你研究成功富豪的一生，就會發現許多人儘管頻頻碰壁遭拒，卻堅持不懈，直到總算獲得突破。只要堅持到底，最後確實**可能**成功。

然而只靠堅持不懈就成功的案例少之又少，堅持不懈卻災難收場的例子倒是多到數不清。要是你堅持到底的事正好符合你的人生目標和使命，加上時機剛好，堅持不失是一種有效策略。

不過你應該審慎小心運用這項策略，不該把它定位為一種法則，也不是必勝方法，更不是任何人、任何情況都適用的萬用公式。**你應該做的是「適時堅持」，意思是堅持符合你人生目標和使命的事物，不相符就後退一步，放慢腳步。**借一句撲克牌用語，你必須知道什麼時候**保住底牌**（繼續前進）、什麼時候**棄牌**（後退一步，換個方向）。

我和客戶同事分享這個概念時，他們常問：「這樣啊，可是你怎麼知道哪時可以**適時堅持**？要怎麼堅持？」關於這點，你得和內在執行長協力找出答案：運用第11元素系統求助、得到指導或指示，下面幾章我們會探討方法。

9號元素：想像畫面

「不斷想像自己想要的東西，最後就必定會得到。」很可惜，和前面8項元素一樣，想像畫面的失敗率也非常高，以下是3個主要原因：

1. 運用第11元素系統時，豐富細節很難化為一幅畫面。求助方案的細節越多、越是明確豐富，就越可能依照你期望的樣子實現。因此要是你想像的每幅畫面**表達能力**很有限，你每次打造的畫面就會力道不足。
2. 俗話說：「一幅畫面可抵千言萬語。」意思是畫面全看個人詮釋，所以你想要藉由畫面表達的意境，可能和內在執行長的理解天壤之別。要是你想像的畫面最後以求助方案的形式，成功送上內在執行長的辦公桌（這種狀況少之又少），求助方案還是可能和你的本意不大一樣。
3. 你想要的結果可能不符合你的人生目標和使命，因此即使你的畫面最後成功送至內在執行長的桌面，也清楚傳達你的意向，你照著想像畫面打造的求助方案仍可能無法獲得批准。

想像畫面不過是讓內在執行長接受求助方案的方法之一，但想像畫面本身威力並不強大，無法保證你的要求能獲得批准、進入無形網絡或實現。你很快就會發現，想要內在執行長

接受你的求助方案，還有其他更有效的方法。

10號元素：肯定句

專家會告訴你：「使用現在式肯定句型，清晰寫下或說出你所欲實現的目標，不時重複這個步驟，你的肯定句就會成真。」

他們建議使用「我每月入帳一萬美元」，或「我總是X」，或「我的人生不斷吸引Y」等句子，專家會給你很多規則和公式，教你怎麼寫出肯定句，實現成果。不過和設定目標和想像畫面一樣，肯定句的失敗率也奇高無比。

想要重整潛意識思維和改變信念時，肯定句不失是一種極其強大的技巧，它的價值不容置疑，但要是你要內在執行長通過求助方案，肯定句的效果奇差無比。

這麼說吧：內在執行長監督你對自己說的每句話、你的每個想法、每天發生在你身上的事。想像一下，要是它聽見你對自己說：「我整整一年每個月都毫不費力進帳一萬美元」之類的句子，算是求助嗎？這句話能夠驅動它利用無形網絡，幫你實現所欲成果嗎？雖然不能完全排除這種可能，但不得不說，如果你希望求助方案獲得批准，這個策略成效不彰。

我和客戶合作時常說：「不要提出宣言，請提出求助方案。」

再說肯定句通常很簡短，和想像畫面一樣不具豐富細節，不足以帶給你最需要的威力，若想要獲得這種威力，你只能透

過其他方式和內在執行長合作。

你現在是否看清了傳統10大元素漏洞百出？要是運用第11元素，你就能獲得更強大的力量？你是否也發現，要成功運用傳統10大元素有個前提，那就是你早就知道該如何使用不同技巧，直接探入無形網絡？

請牢記一點：無論你從事哪種行業、需要哪種協助、使用哪種技巧，萬事都始於開口求助，請內在執行長批准你的求助方案。如果通過批准，無形網絡就會自動啟動，實現你想要的成果。但所有求助方案都得先送至內在執行長的桌面，誰都不能跳過評估步驟。求助方案是否符合你的人生目標和使命、你目前的工作案、預計馬上展開的工作案，全都得先經過篩選過濾，才能進入決策。

擁有這樣的過濾器可是一份天大的禮物，當你真的「聽從直覺」，深知過濾器能幫你篩選，你就能放心執行，不再擔心犯錯。你的世界裡不會再有你不想要的成果，過濾器會盡可能挑在最佳時機完成任務。

現在你已經建立清晰明確又強大的思維，我們就來進行下一步，探討如何打造最好的求助方案。

CHAPTER

4

遊戲規則

> 成功只有一種,那就是以自己的方式,過自己的生活。
> ——美國詩人克里斯多福·莫勒
> (Christopher Morley)

正如第2、3章所述,身為資深合夥人的內在執行長與你攜手合作,就能左右你拚事業財富的道路。要是你需要它協助工作案,就得遵守一套遊戲規則和特定流程,才能提高成功率,而本章要講的就是這套系統的前兩個步驟:

第1步:擴展和闡明你的理想成果。

第2步:打造求助方案,得出最優成果。

第1步:擴展和闡明你的理想成果

擴展和闡明理想成果的第1步,就是簡單評估你在當下最需要的協助,然後設定優先順序。你需要他人幫你增加銷售額、減少支出、改善行銷手法、填補職缺、改善職員工作效率,或是擴增生產線嗎?是否有你需要解決的問題?你是否在尋覓全新的投資機會,或是提高股票或商品交易的獲利?你想要以更高速率拓展下線規模嗎?是否有你非找到不可的資源?環顧一下周遭,留意有哪些需要協助或改善的地方。

開始應用第11元素系統時,先列出所有需要協助的專案、任務、結果、成效。如果清單上的要求很多,可以依據重要性和潛在影響力決定優先順序,問問自己:「如果我所有專案、任務、結果、成效都能獲得協助,哪一個對我的事業、財務、生活品質影響最大?」然後重新調整清單順序,依照優先順序提出求助方案。

初次應用第11元素系統時,你可能有一長串求助方案,

這時排出優先順序就非常重要。當你持續使用這套系統、一一劃掉清單上的任務後，你的重點會轉到當下，像是「現在的情況是什麼、目前應該關注的重點是什麼、現在的我需要哪些協助？」

這時若要闡明你心目中的理想成果，就需要擴大說明你的展望，進一步定義你在獲得協助的過程中，個人**期望的生活狀態**，並且為此提出求助方案。大多數人會專注在得到某種特定結果，卻沒考慮到可能間接帶來的生活方式。踏出這一步，你就能決定自己的生活品質、幸福、壓力指數、人際關係，帶來遠大正面的影響。

邁向成功的路上，你可以擁有任何生活方式，因此必須謹慎考量，明確說出個人的偏好。我稱之為**生活方式祈使句**。舉例來說，我合作過的對象大多希望年入 25 萬美元，或是躍升百萬富翁行列，而達成這種目標時，可能需要每天工作 20 個鐘頭，也可能只要兩個鐘頭；可能有幾百位員工，可能沒有員工；可能是自己當老闆，也可能只是員工；工作環境可能步調快速又高壓，也可以是輕鬆愜意；可能有大把時間和自己心愛的人相處，也可能幾乎沒空陪他們；可能經常出差，或幾乎不用出遠門。

你有沒有偏好的工作時間，希望哪段時間不工作？在工作的那幾個小時內，你想做什麼？不想做什麼？有沒有你樂意接下也擅長的任務？有沒有你覺得厭倦、寧可交由別人去做的事？你想和哪種人合作？你比較喜歡哪種性格的老闆、同事、

潛在員工、顧客、合夥人？

生活狀態的可能性無窮無盡。決定哪些要素對你最重要，盡可能在每份求助方案中說明個人偏好。也許你要求的生活狀態無法樣樣實現，但若是你開口要求，最糟頂多是結局令人感到稍微沮喪或失望，最好的結果當然是享有你要求的生活狀態，或者非常接近你的期望。但要是你從不開口，就等於主動棄權，除非你夠幸運，有內在執行長幫你默默處理。

例如：我有一個非常成功的網路事業，供應各式商品和服務，這項事業帶給我大筆收入，收益持續成長，生活狀態也非常適合我。

我之所以能夠依照我偏好的生活狀態拚事業，是因為打從第一天起，我就把完整的生活狀態置於第一優先。隨著我為網路事業埋下的種子一天天茁壯成長，我也越來越清楚自己想要做什麼、不想做什麼、我希望如何度過每一天等。於是我運用第11元素系統求助，實現這套生活狀態。我沒有立刻實現這套生活方式，也是足足花了3年才上軌道，但現在我能夠享受這種生活，關鍵就在於我從第一天起就開口要求，而我希望你也這麼做。

你提出的求助方案不會有搭配好的生活狀態，但要是有的話，謹慎考慮你的喜好就很重要，盡可能清楚說明你的期望，再提出求助方案，以便邁向成功同時享有你要的生活方式。許多情況下，你可能會在抵達目的地後發現和你預想的天差地遠，所以如果後來你的渴望、需求或生活方式方案變了，可以

回過頭,重新定義你要求的生活狀態,請內在執行長幫忙修改。

現在你已列出你想提出求助的專案、任務、結果、成效,以及與求助方案相關的生活狀態(我稱之為你的**原始素材**),代表你已經準備好進入下一步,也就是實際打造你的求助方案。

第2步:打造求助方案,得出最優成果

為了擬定最可能獲得通過、進入無形網絡、得出最佳成果的求助方案,請使用11項我平時和客戶及學員都用的指導方針。本章最後,我會提供配合指導方針使用的求助方案實例,示範如何結合兩者。

指導方針1:記住你只是提出要求

開始撰寫求助方案時,有件事一定要理解,那就是你只是提出要求,內在執行長可能接受,也可能拒絕。畢竟這些只是你從有意識的局限觀點為出發,你自以為想要的東西。

一旦求助方案放上內在執行長的桌上等待批准,它就會謹慎考慮。你的內在執行長會認真考量,這項提案對目前進行的工作、未來預計展開的工作、你的人生目標和任務會造成哪些影響。它還會考量各種變數,最後才決定是否執行,如果決定執行,要怎麼執行、何時執行。

如果你曾在大公司工作,可能會覺得很耳熟,因為你有很多想要審核通過或爭取資金的工作案,需要請老闆、合夥人、

董事會、銀行家或投資人批准。有時他們會點頭，發給你資金，有時不會。有時進展順遂，有時並非所有要求都通過批准。而交給內在執行長的方案審核也很類似。

和你在大公司工作時一樣，和內在執行長合作時，你可能會提出個人要求，熱血提倡方案，但也要避免一頭熱，不要過於執著某些結果、某些時間框架，或某種形式樣貌。

運用第11元素時，如果你太一頭熱、固執己見，堅持走一條對你不太有利的道路，等於挖坑給自己跳，內在執行長想要幫你也難。這就是為何我會在第2章花那麼多篇幅解說百搭牌的概念。掌控全局的人不是你，你覺得對自己最好的，可能只是你的意識觀點認定對你最好，偏偏這種認知往往錯誤。

儘管截至目前我都能打造成功事業和財富，也非常熟悉第11元素系統，還是難免犯錯，看不清對自己最好的做法。我常有自己的偏好，常常堅信某件事對我肯定是好的，或是某件正在進行的事對我沒好處，最後卻常常發現自己大錯特錯。每每下錯結論，都是意識腦袋中的局限觀點作祟。

一開始帶著這種心態擬定求助方案草稿，也能讓人保持謙遜，對你的長遠成功和情緒健康也有好處。不要過於一頭熱或執著於特定結果，你就保有更多彈性、選擇、力量。別太執著、稍微順其自然發展，也可以減輕你的生活壓力。我們後面幾章會再深入談到這部分。

對許多人來說，剛開始使用第11元素系統時，最難調整的就是心態。我們天生就強烈相信自己是對的，我們主導掌控全

局,知道什麼對自己最好,而這種信念或許很難說改就改,不過我敢承諾,要是你願意放膽一試,奮力跳過那個缺口,將行使權交託給內在執行長,對你接下來的人生絕對大有好處。

指導方針2:根據你的任務和工作案提出求助方案

執行重要任務或展開某項工作案、賺錢生財之前(參加會議、業務拜訪、參與研討會、和某個求職者進行面試、和新供應商合作、接下新客戶等),如果希望你想要的結果成真,就務必開口求助。

最終你會和內在執行長找到相互配合的節奏,發現有些事不需要你開口,內在執行長已經幫你辦妥。不過一開始我還是建議你,一有重要任務或工作案時,都先提出求助方案。透過實際操作累積經驗很重要,從中學習擬定求助方案的技藝、掌握相關技能、觀察後續發展、根據發展做出反應、與你的內在執行長建立關係。

目前我有60個尚未解決的求助方案,我覺得是有點多,但同時有這麼多要求,是因為每一件我認為重要的事都需要幫忙。我建議你也照著做,即使衝事業或拚財富是本書的主要重點,但你的要求不必局限於此,也能應用在私人層面。以下是我過去12個月來,向內在執行長提交的各種求助案例:

- 幫我們順利從佛州搬到維吉尼亞州
- 不走法律途徑,解決和某公司的糾紛

- 助我太太順產，母子均安，無病無痛
- 幫助我的寶寶夜裡安穩入眠
- 幫忙解決點燃我內心怒火的情緒問題
- 幫我找到網路事業的雲端主機公司
- 幫我撰寫和編輯這本書的提案
- 幫我在維吉尼亞州夏洛特斯維爾（Charlottesville）找到完美房子，並在我們準備搬家的完美時機點，以最合理售價買下新房
- 幫我打造和行銷全新研發的居家課程
- 幫我設計發起我的終極生活方式學院（Ultimate Lifestyle Academy）
- 幫我提高第一本著作《看不見的成功之路》（The Invisible Path to Success）的銷售量
- 指導承包商在預算之內，確實準時完成新家改造
- 指導我僱用的廣告文字撰稿人，按照我的要求撰寫廣告和銷售信函
- 幫我和律師談定幾份合約
- 在我舉行遠距研討會時，造成正面影響、創造獲利
- 協助我產後夜不成眠的太太保持專注撐過難關
- 指導我的私人教練，帶領我達成體適能目標
- 幫忙解決我難纏的消化問題

我的朋友艾娃告訴我一句古老諺語，我非常喜歡：「相信

阿拉，但要栓好你的駱駝。」你永遠不知道內在執行長默默進行什麼，也不要對結果抱持任何預設想法，只要確定做好完善準備即可，最聰明的上策就是凡事都開口求助。

為何透過開口求助、栓好駱駝很重要？因為只要開口求助，就能確保內在執行長知道你想要什麼，而你就能打開啟用無形網絡的可能，神奇魔法都是在無形網絡發生。如果你不開口求助，而內在執行長也還沒想到辦法產出理想成果，求助方案就不會送進無形網絡，這樣一來，無形網絡的搜尋引擎就不會展開研究，你的世界當然進展全無。

如果你覺得對某件事感到疑惑，可以請你的內在執行長釐清狀況，或給你需要的指引。如果你需要協助，找到公司能夠推出的完美產品或服務、最佳銷售策略或技巧，不妨開口求助。如果你需要找到完美員工、承包商、供應商，也請多多開口。如果你有需要幫忙解決的問題，或希望和某位老闆、職員、同事和睦相處，儘管開口就是了。如果你擔心害怕，或是為了某件事憤怒不已，卻再也不想被這種感受牽著走，可以向內在執行長提出療癒和放下的請求。

無論你想要哪種成果，請求都沒有所謂的無足輕重、微不足道、芝麻綠豆，在你的內在執行長眼中，所有求助方案都同等重要。

你不會希望做事時遇到礙手礙腳的情況，所以不管是正在進行、會影響你、還是更動或改變後可能造成影響的事，全都可以尋求協助。

指導方針 3：視情形將期望的成果分成不同等分，個別提求助方案

要是要求的任務成果複雜又規模浩大，可以細分成幾個小等分。若是需要，最好是分好後再於同一方案中分別提出求助，若是平常狀況，簡單概括性的求助方案就夠了。

藍海軟體提出IPO就是一個例子。IPO是很複雜的任務，我可以簡單制定求助方案，說「幫助我們IPO過程順利」，但是這樣的求助方案太籠統，我們知道中間有好幾個需要協助的步驟。

我們想要和一線的創業投資公司合作，打開接洽最優秀投資銀行家的大門。我們希望至少兩間軟體業界的重量級公司參與董事會，提升我們的信譽，也想要引起金融業界對我們公司的強烈關注，在IPO過程中吸引投資家買我們的股票。我們想和一流的投資銀行家聯手，共同進行IPO。我們想在首次募股時，推出具有強大優勢的初始股價，好讓公司享有最高估值。我們想選一個最佳時機執行以上任務，也想要沉浸享受IPO的瘋狂過程。於是我打造了一份求助方案，可以把IPO成功的目標分成幾個詳盡步驟，每一步尋求不同協助。本章最後附上我寫的求助方案範例。

要怎麼知道何時應該把求助方案分成不同等分？有時你就是知道，畢竟太明顯了，有時你得多花點時間問自己：「我是不是太籠統了？這項求助方案是否需要分類進行？」要是不確定，還是可以分成好幾個步驟，只要你遵照書中的指導方針，

事情不太會因為太講究細節而出錯，但太籠統卻可能犧牲成效。

另外也常有人問我，**分類進行**的求助方案是否應該和主要方案結合，還是分成好幾個小方案，關於這點，並沒有絕對的規則。我喜歡分別擬定求助方案，或是依據主題分類。例如：我可能制定一份冗長的求助方案，裡面包羅許多財務相關議題，而財務是共同主題，但我很少把不同主題（例如：財務和人際關係）統整歸納成一份求助方案。所以全要看你個人，看什麼對你和你的內在執行長最管用。要是不確定某些問題，可以回到公司層面，盡自己所能回答這些問題。例如：你可以問自己：「公司執行長會比較希望收到並審核一份250頁、涵括25個不相關專案的提案？還是25份依據主題分類、嚴謹探討的提案？」大多我合作過的執行長都偏好收到嚴謹探討的提案，因為這種提案易讀，也比較容易集中注意力、下決策，但是不同人（還有不同的內在執行長）都有個人喜好，你要自行判斷最適合的做法。

何時將求助方案分成不同等分、要分成哪些部分、怎麼分，真的是一門藝術，不過你只需要一點時間和練習，經年累月就能慢慢掌握技巧。你可以參考本章最後的求助方案範例。

指導方針4：明確說出你的期望，同時為回應選項預留空間

不管是誰讀到你的訊息，都只會看寄送無形網絡的字面意思，包括你的內在執行長。沒人會猜心，也沒人會試著解讀你

的每字每句,更沒人有時間慢慢弄懂你的意思。

　　無形網絡採取「完全相配」運作機制,所以你的遣詞必須字字精準,定義出你想要的幫助。撰寫求助方案時務必記住一件事,那就是每個字都要精準定義,否則就不具有意義。我帶領新學員和客戶撰寫求助方案時,常碰到以下用字:

- 「高利潤」
- 「快速」
- 「提高我的收入」
- 「改善我的人際關係」
- 「增加我和家人相處的時光」
- 「解決金錢問題」
- 「獲得超讚結果」

碰到這種情況,我通常這樣回覆:

- 「請定義高利潤,你的內在執行長不知道你說的高利潤是多少。」
- 「快速是多快?3個鐘頭、3天,還是3週?」
- 「你想要多少收入?時間方面呢?是週薪、月薪、季薪,還是年薪?務必清楚定義。」
- 「哪一種人際關係?你要怎麼改善這段關係?目前碰到哪些問題?」

- 「你的內在執行長不知道『增加我和家人相處的時光』是什麼意思。你想表達什麼？是每週4個鐘頭？還是每晚一個鐘頭？」
- 「『獲得超讚結果』的具體意思為何？」

內在執行長只看每一句話的字面意思，所以你必須清晰明確提出要求，否則套用一個比喻，你的內在執行長八成會（任誰都會）瞪著你的求助方案，說：「我不知道你在說什麼」，然後丟進廢紙簍。

客戶常常問我：「為什麼非要向內在執行長精準傳達想法？它不是我的一部分嗎？不是一直都知道我的意思？」某些情況下它確實知道，但很多時候它不清楚，所以你可以採取的聰明策略，就是在求助方案中定義**所有關鍵字和用詞**，確保內在執行長懂你的意思。

不過千萬要小心，別太設限你的回應選項。你應該確實說出自己想要什麼，同時**開放接受不同回應選項**，才不會讓內在執行長（和其他無形網絡的人）覺得礙手礙腳，想幫你也難。

「開放回應選項」是什麼意思？當你的求助方案通過批准，無形網絡也啟動了，為了實現理想成果，你的內在執行長會開始進行人才、點子、資源、技術、策略的「完全相配」程序，接下來再幫你挑出最佳選擇。

假設你正在擬定一份銷售額翻倍的求助方案，若內在執行長批准你的要求，不管是哪種形式，你都會收到最適合的協助。

但由於求助方案都是採取完全相配機制，所以如果可以接受的選項範圍設得太狹隘（因為你內心期望是以某種樣貌實現），你就可能得不到理想成果，畢竟你設下的人為限制太多，根本無法實現。

例如，若你在求助方案中寫道：「我想要多賣出56個ZX55序號產品，達成銷售額翻倍」、「我想要多4名跑業務的人，促進銷售額翻倍」，或是「我想要以X方式，促進銷售額翻倍」，你看得出這種描述限制很多嗎？要是最可能讓銷售翻倍的方法正好和你形容的不同呢？

你可能忍不住心想：「好吧，但如果我提出的回應選項不對，限制太多，我的內在執行長還是可以當做沒聽見，自行提出更好的選擇吧。」根據我的個人經驗，這種事不會發生。千萬別忘記，這套系統運作方式非常仰賴字面意思。

同樣地，若你需要找到某個職缺的理想人選，或是填補供應商或承包商的空缺，寫求助方案有時是一種聰明做法沒錯，但是指名道姓、只要求某人或某公司就不明智了。

如果你決定「我需要某男員工或某女員工」、「我想和某某承包商合作」、「我想和某某供應商做生意」，就等於限制回應選項及你的最終成果。另一種更有效的選項是說：「我有這個需求，希望獲得某某結果，請幫我找到最適合的實現方法。」

這次我要提醒的重點一樣：你從局限的意識觀點思考，以為自己想要什麼，而內在執行長是從它遼闊的觀點出發，知道你真正想要的是什麼，這兩者之間存在著巨大落差。內在執行

長很清楚你的使命和人生目標,也能透過無形網絡,利用可以取得的廣大資源協助你。

我很慶幸我不必自己做所有決定。雖然我看重自己的智慧和能力,也相信自己,但我還是再清楚不過,我的個人觀點、我能取得的情報和資源十分有限。

隨時敞開大門,才能得到你真正想要的。你想要獲得對自己最好的結果,以及為個人局勢創造最正面影響。

還有一扇大門最好也要隨時敞開。假設你請內在執行長協助你達成年薪25萬美元的目標,而要求也通過審核,接著你就能透過無形網絡,得到完美相配的回應,指引你走上年薪25萬美元的道路。

但假設你從事同樣工作,或是投入同樣時間與心血,年薪可能高達27萬5000、30萬、50萬美元,甚至100萬美元,但由於無形網絡只看字面意思,所以要是你說出「我想請你幫我達成年薪25萬美元的目標」,一旦批准通過,這就是你會獲得的結果。即使年薪25萬美元確實是你想要的,但這種請求還是限制了其他可能發展。要是想隨時敞開大門,可以在求助方案中補充幾個字,譬如:「以上」、「更快」、「更好」。

例如:如果你在求助方案中說:「我想要年薪25萬美元**以上**」,求助方案送進內在執行長和無形網絡的完全相配系統時,光是簡單補充「以上」兩個字,就能大幅影響最終結果。

有時開放求助時必須運用稍微不同的方式,譬如你可以說:「嘿,我有個業務副總經理的職缺,我真心覺得某某是完美人

選,要是我想得沒錯,請幫我成功招攬他/她加入。如果我錯了,那我也樂意接受你覺得更適合的人選。」

就拿我為藍海軟體IPO提出的求助方案為例,我把任務分成先前所說的若干等分,同時開放預留空間,免得某個步驟出錯。但分成好幾等分很重要,因為如果我只籠統地說「幫助我們IPO進展順利」,就會減少潛在網絡中的完全相配結果。但如果我的求助方案把「IPO進展順利」細分成6等分,那麼任一種組合都可能得出完全相配的結果,甚至全數完全相配,而我也離理想結果更近一步。

所以重點是盡可能明確說明你的期望,但務必為可能的回應選項預留空間。

指導方針5:把你的求助方案視為一份獨立檔案

撰寫求助方案時,你必須假設內在執行長除了方案內容,其他一概不知。所以寫上所有它需要知道的完整細節,內在執行才能判斷是否通過你的求助方案。

如果你想通過一項重大商業計畫案,或是爭取老闆、合夥人、銀行家的資助,你會選擇完整描述提案,佐以大量細節和輔助資料?還是潦草寫個大概,等執行長自行釐清你想說什麼或請求什麼?你要說的故事難道不應該前後連貫嗎?同樣道理也可套用在你交給內在執行長的求助方案。

這項指導方針只有一個例外,我在此用個人的真實案例說明。之前我曾鉅細靡遺、長篇描述某種生活狀態,並取名為「作

家人生」，由於我事先已向內在執行長定義過這個名詞，有完整仔細的紀錄，於是這個名詞可直接用於其他求助方案，不必再花時間定義。

除非你先前已經繁瑣費心定義某事物，否則務必要把每份求助方案當做獨立檔案撰寫。假設你的內在執行長從收件匣挑出這份檔案閱讀，只根據檔案文字做出決定，事情會如何進行。你的內在執行長當然握有其他關於你的資訊，但還是請你栓好你的駱駝，如果你提供內在執行長做出決定的必要資訊，你就準備萬全，不用碰運氣。

指導方針6：盡可能保持樂觀，但也要務實

很類似「明確說明個人期望，同時為回應選項預留空間」，你也要在樂觀（提出實踐遠大目標的求助方案時，會覺得什麼都可能實現）和不切實際之間保持平衡。

我與初次接觸第11元素系統的客戶及終極生活方式學院學員合作時，常常看見他們請內在執行長幫他們得到各種結果，像是**一週內**賺到兩萬美元，以清償債務。或是一年內賺到1000萬美元淨值，偏偏當下他們負債累累，僅年入兩萬美元。

我一般會這麼回應：「當然什麼都有可能發生，我不是要刻意局限你，但你要實際一點。你可以提出各種要求，但要明白如果你的要求不夠實際，就很難成真。在人們眼中，內在執行長也許就像是魔術師或奇蹟締造者，但它們依舊需要在幕後默默耕耘，透過無形網絡協助我們，而且就算你的要求獲得批

准,獲得希望的結果也可能比你想的費時。」

從中取得平衡的解決方法很簡單:寄給內在執行長之前,戴上現實的眼鏡檢視自己的求助方案,要是覺得太躁進求快,太過好高騖遠,可以考慮降低你的要求。說回我剛才提到負債累累、年薪只有兩萬美元,卻想賺到1000萬美元淨值的案例,我會建議他調降要求,第一步是先請求償清債務,下一步才是增加年收入,慢慢建立高額淨值。求助方案的第一步達成之後,你還可以調漲數目,但要是你打從一開始就想一步登天,貪多求快,內在執行長可能就會直接跳過,不受理你的請求。

其他取得平衡的方法,就是不去思考是否符合實際現況,單純提出你的期望要求,最後再補充幾個開放性的用字,例如:「或者要是我的要求不夠實際,無法實現,請幫我盡快完成目標。」

指導方針7:解釋你的用意

你想要某種理想成果的原因可能很明顯,也可能不明顯,所以我強烈建議加上一段背景解說,告訴內在執行長為何你要提出某求助方案,這種方法有望大大提高求助方案帶給你實際好處的機率。

切記,所有寄給內在執行長、送至無形網絡的求助方案,都只會按照字面意思處理。我常看見客戶擬定求助方案,請求獲得某種結果,卻遭到內在執行長無情推翻,最後人生原地踏步。然而如果你在求助方案中解釋背後理由,即使結果和你

最初的要求不大一樣,內在執行長依然能按照你期望的核心利益,創造一種符合這種核心利益的不同結果。

例如:假設你擬定一份求助方案,希望年收入提高至10萬美元或找到一份新工作,背後理由是你不想再為現狀害怕、壓力爆表。但若你單純要求內在執行長幫忙提高收入,或找到新工作,但由於這個成果不符合你的人生使命,所以你的要求可能會遭到拒絕。但要是你解釋原因,即使要求不符合人生使命,你也賺不到10萬美元、找不到新工作,你還是可能實際得到你期望的利益,那就是減輕恐懼與壓力。

指導方針8:要求適當的信號

下一章你會讀到,要內在執行長給你指引或協助通常不容易,所以如果你的要求通過了,請它給你清晰明確的信號,告訴你需要知道或必須去做什麼,就非常重要。

如果你對某件事感到迷茫,站在人生的十字路口,卻不知該左彎或右拐,或者你的世界裡發生了某件事,而你不知該如何是好,這些情況下都能在求助方案中套用這句話(或類似的話):「請給我當頭棒喝般、一看就懂的明確信號……」

我再重申一遍,你在求助方案中所說的每一句話,都會按照字面意思解讀,所以如果你只單純尋求協助和指導,或是某種回答,最後可能就會收到凌亂難辨的回覆。但如果你要求它給你當頭棒喝般、一看就懂的信號,就能大大提升收到訊息時一眼便可辨識的機率。

我向客戶和學員解釋這一點時，他們常問我：「為何我需要點明我要哪種信號？我的內在執行長不能每次都直接傳遞情報嗎？」如果你覺得納悶不解，我的答案是，這與字面意思息息相關，就我個人的經驗來說，若你請內在執行長給你一看就懂的信號，最終結果就更好。

這類信號都是什麼樣子？每個人的信號不盡相同，我建議你不要奢望簡化成某種規則或公式。為了讓你大致理解他人體驗到的信號，我可以提供個人經驗。有次我萌生一個點子，像是腦中一個彈指，讓我豁然開朗，猶如一條拉到極限的橡皮筋，放開時大力回彈，發出巨響。有的人會在心口或胃部產生強烈感受，有的人感受到強烈動力，非要採取某行動或避免某事不可，有人的信號來自鮮明夢境，有的人連續好幾天腦中揮之不去某種念頭或點子，也有人聽見自己腦中出現某種聲音，或是聽見別人說了什麼，而自己心知肚明那就是了，力促他們採取行動。也有人每次想前進某個方向時，都會遭到阻礙或強烈抗力。信號各式各樣，最好還是不要過度縮小選項，限制內在執行長與你溝通的潛在可能。後面幾章我會提供有關信號的例子。

指導方針 9：用電腦寫下求助方案，列印出來

要是可以，在電腦上用你的文書處理器擬定求助方案，儲存檔案，準備遞交內在執行長審核時再列印下來，這麼做有 3 個理由。第一，對多數人而言，就算你不喜歡書寫，或不認為文字是自己的強項，書寫過程通常能幫你釐清思緒、表達想法，

而擬定求助方案時，思維清晰能帶來好成效。

第二，如果你和我一樣，可能週一開始寫求助方案，週三寄給內在執行長，請它審核。下一個週三要是發生某件事，你可能改變心意，需要改寫求助方案。這種情況下，如果你可以直接打開原始檔，使用文書處理器編輯檔案，再次儲存列印，就會比你從頭手寫一遍，或用其他方法輕鬆容易許多。

第三，把求助方案儲存在電腦中，需要時比較容易找出來重新檢視。求助方案寫好也寄給內在執行長、等待審核之後，我建議你每隔一段時間就檢查一遍，確保求助方案沒有過時。我常看見客戶和學員交出求助方案後，就把內容忘得一乾二淨，就這麼過了好幾週，完全沒注意生活上發生的種種事件和情境，導致原本的求助方案已經不再符合現況。如果你經常查看求助方案，並且視必要修改，就能擁有更多主控權。

再說檢視求助方案時，你會發現求助方案通常落在以下4種範疇：

1. 尚在等待實現。
2. 需要重新修改。
3. 已經不想要了。
4. 已經完成實現（或正在實現的路上）。

要是尚在等待實現，我就會繼續等。若有需要就修改，然後把修訂過的最新版本交給內在執行長。我會挑出已不想要的

求助方案，丟進「改變心意」檔案匣，事後再拿出來檢視。我覺得這樣很好玩，樂趣無窮。最後我會把已完成實現的放進「搞定收工」檔案匣，日後回頭查看這份檔案，慶祝各種完勝紀錄！

最後，一旦你開始應用第11元素系統，就會發現任務完成後，日後回頭查看求助方案既好玩又有意思，你還能從中反省學習。若是這一類的紀錄資料容易取得，你會一眼看出自己的求助方案寫作技巧進步了，也能重溫你過去提出的要求及獲得的回應。

指導方針10：使用模板，維持一致性

套用某種模板是擬定求助方案的有效方法，也能維持前後一致，這樣每次都不會漏掉重要事項。

我個人使用一套我強力推薦的模板，是一封給內在執行長的信件，我寫過的求助方案全套用私人書信的架構，就像是寫信給內在執行長。模板架構和用字十分精準謹慎，全是靠經驗累積而來，而且非常強效，我建議你也套用同樣模板。

以下就是加上簡短註記的模板，以及每個部分的細部探討。圓括號內就是我個人的註記。

親愛的＿＿＿＿：（我強烈建議你幫內在執行長取名字。）

我這次寫信給你，是想要和你聊一下＿＿＿＿。（填入簡短句子，簡短介紹你的期望。）

請你親自出馬幫我，或指引我找到可以運用的人才、點子、資源、技術、策略：

1.
2.
3.
4.

（數字後面填寫你個人想要實現的成果，為了提高求助方案的成效，盡可能列出不同事項，然後視情況補充細節，例如：「個人期望背後的原因」聲明。）

從我局限的意識觀點出發，以上就是我目前認為我想要實現的，請你幫我達成目標，或是獲得比這更好的結果。

[簽名]

和私人信件一樣，開頭先打招呼，「親愛的＿＿＿＿」。我建議你為內在執行長取一個名字，求助過程才不那麼見外，你的內在執行長就是你的親密戰友或死黨，所以和它建立密切關係很重要。沒有所謂最好、不夠好、神奇有效的名字，你幫內在執行長取的名字不會影響最終結果，它也不在乎你怎麼稱呼它。選一個好玩、你能夠產生共鳴的名字，和你的內在執行長打好關係。如果想要，你也可以先寫一封求助信，問內在執行長希望用什麼名字與你互動。

求助信開頭先表明：「我寫信給你，是想要和你聊聊＿＿＿＿」，然後把基本要求填入空格，簡述你希望它幫助的事項。你也許會說：「我寫信給你，是想聊聊加薪的事」，或「我寫信給你，是希望你幫我解決公司即將啟動的員工分紅制度問題」。和其他類型的信件一樣，先簡單概述即可。

下一個句子可以這麼開場：「請你親自出馬，幫我⋯⋯」有時你的內在執行長可能不需要透過無形網路，直接就能批准你的求助方案，所以第一句話就開放這種可能性。畢竟無形網絡只看字面意思，而這也是一種開放各種回應選項的方式。

接著繼續寫道：「⋯⋯指引我找到對的可用人才、點子、資源、技術、策略⋯⋯」仔細檢查用字遣詞，留意訊息是否預留開放空間，表明你樂意接受何種協助。列出你需要協助的個別事項，我喜歡以項目符號或編號列出。如果你的求助方案規模龐大又錯綜複雜，可以分成不同部分，分別求助。

若是關於求助事項，還有其他你希望內在執行長知道的

事，或者解釋你想要特定結果背後的原因，可以補充在模板的下一部分。

寫完需要求助的事項，也確實遵照其他學到的指導方針完成後，可以補充這句話：「從我個人意識的有限觀點出發，我認為這就是我想要的，在此請你幫我實現，或是獲得更好的結果。」這裡同樣要求字字謹慎精準，威力會無比強大。首先，當你說出「⋯⋯我認為這就是我想要的」，就是承認了你的個人觀點局限，因而可以培養先前所說的不執著、謙遜的心態。當你說：「⋯⋯請你幫我實現目標，或是獲得比這更好的結果，」就等於預留空間，願意接受超出你當下意識預想的結果。最後只需要像其他私人書信那樣，在結尾簽名即可。

我擬定的每份求助方案都是套用這個模板，無一例外，我鼓勵你也用同一個模板撰寫求助方案。

指導方針 11：慢慢來！

當你初次探索內在執行長和無形網絡，重心放在你想要改變或創造的事（尤其如果你的請求很急迫）時，可能會忍不住求快，一口氣擬定好幾份求助方案。

千萬要忍住，稍安勿躁！一件一件慢慢來，先把重點放在優先事項，思考如何定義自己想要的東西，等待絕對是值得的。

你現在已經有強大勢力幫你，所以慢慢來，猶如面對易碎物品般循序漸進。

要是求助方案內容又長又複雜，或是覺得需要長時間才能

寫得清晰完整,我有時會花 2~3 週才寫完一份,不過有時幾分鐘或一個鐘頭就能擬好一份。花多少時間求助方案才最適當,全要看求助方案的複雜程度和本質,以及你撰寫求助方案的熟練程度。

和大家講起慢慢來策略時,我一般都會說:「按照指導方針,打好求助方案的初稿,放一晚再回頭檢查,然後視情況需要編輯修改,接下來幾天或你覺得需要的天數,重複這個過程幾次,直到修好為止。當你真心覺得求助方案已經夠清楚,不可能再更好,就可以寄給內在執行長批准,這部分我們下一章再討論。

求助方案寫得越多,你就越上手,也能越快完成,得到的結果也越好。保持耐心,上手就不遠了。

如何擬定求助方案

以下是幾個整合上述指導方針,力求盡可能獲致最大成果的求助方案範例,那些全都是我個人和客戶的求助專案。你的焦點和理想成果可能和範例南轅北轍,但這不是重點,原理依然相通,如果你想得到類似成果,敬請自行把例子當做詳細版的模板套用,根據個人情況客製化修改。

有些求助方案精簡,有些長而複雜,但是沒有所謂的完美,和所有事情一樣,再回頭看都還是會覺得有進步空間。以下範例只是把可能性呈現出來,帶你熟練打造求助方案。

親愛的＿＿＿＿＿＿：

我今天寫信來，是想和你聊聊我們全新的品牌策略研發。

你也知道，我們正在重新定位公司，想重塑行銷訊息、形象、聚焦、品牌，所以我需要定義一種全新強大的品牌策略，並以符合成本效益的方式實施策略。「強大」的意思是，該策略必須能支持和維持我們在平價市場的主宰地位，同時登上中階市場。

因此我想請你親自出馬，或是也可以指引我找到對的可用人才、點子、資源、技術、策略，幫助我做到以下事項：

1. 研發可以長遠執行、具有凝聚力的品牌策略，包括帶領公司其他發展方向的創意執行（品牌理念）。
2. 在公司內部執行品牌社群計畫、職員活動、產品定位和流程等策略。
3. 在公司外部實踐行銷和銷售計畫、公共關係活動、貿易展、網頁、廣告、第三供應商篩選等策略。
4. 獲得公司首席執行長的批准，以及公司策略和實施計畫的認可共識。
5. 盡快達成目標，最好在120天內完成。
6. 盡情享受過程，我喜歡可以讓我發揮創意的工作，希望你幫助我，可以好好享受每分每秒！

從我個人有限的意識觀點出發，我覺得以上就是我想要的，請你幫我實現，或是獲得更好的結果。

[簽名]

親愛的＿＿＿＿＿＿：

　　這次寫信給你，是想聊聊即將到來的第3季。如你所知，我們第3季設定的銷售目標很高：1100萬美元（甚至更高），550萬美元的利潤（最好可以比這更高）。我需要你幫忙達成目標！

　　只要是能協助我們達成目標，任何方式我都樂意接受，我認為我們需要你親自出馬，但你也可以指引我們，找到可用人才、點子、資源、技術、策略，在指定時間框架內完成以下任務：

　　1. 透過行銷和口碑推薦，增加新客人數。
　　2. 提高對新客的平均銷售額。
　　3. 增加我們為現有顧客提供的產品和服務銷售額。

　　就我個人理解，想要達成以上3點，就得先完成下列幾項任務，但若你覺得有其他方法，能幫我們實現任務或突破目標，我也很樂意嘗試：

- 有效執行我們的郵件和網路行銷模式。（請監督及協助比利完成任務。）
- 獨立展開全新的行銷收入管道（例如合資企業）。
- 協助我們遍布全球的經銷商，提升改善他們的行銷模式。
- 打造和自動執行主動口碑推薦計畫，帶動可能的最高推薦次數。

- 按照預定時程向顧客發布電子報，利用最優架構達成或超越目標，電子報內容要能為顧客創造價值，也為我們建立好口碑和銷售額。
- 協助銷售員向新客銷出更多產品及加購服務。
- 幫我們向現有顧客銷出更多升級與加購產品、支援合約、維護支援服務的續約。
- 協助銷售員多跑外務、拜訪客戶，追蹤我們布下的大量潛在客戶網。
- 幫我們招募僱用一名以上重磅級外部業務人員，達成10萬美元以上的交易額。「重磅級」是指有成交紀錄的銷售員，該銷售員必須具有深厚經驗，能將類似我們的高價產品成功推進中階市場，且個人信念必須和本公司文化及品牌產生共鳴。
- 協助我們開發必備工具和策略，助力重磅級業務人員每月達成超過3件、10萬美元以上(最好是更多)的交易。
- 工作之餘，我想要保持目前輕鬆的工作時程，同時持續從過程和事業中獲得的愉悅和成就感，享受與共事的人合作。

請盡你所能與潛在顧客、職員、新聘員工、供應商、承包商的內在執行長合作，幫我們達標，要是能超越目標值更好。我也樂意接受能幫我們達標，甚至超越目標值的各種可能。

從我個人有限的意識觀點出發，我認為以上就是我想要的，請你幫忙達成目標，甚至超越目標。

[簽名]

....

親愛的＿＿＿＿＿＿＿：

　　我寫信來是想和你聊聊打造全球經銷商網絡的事。為了成功展開新計畫，我需要盡快僱用一名全球行銷經理。因為我沒有打造這類計畫的經驗，所以非常需要你的幫忙！

　　請你親自出馬幫我，或是也可以指引我找到對的可用人才、點子、資源、技術、策略，請你幫忙我以下事項：

- 幫我們吸引完美人選。所謂的「完美人選」是指某個曾經成功打造類似我們經銷商計畫的人，能和我合作愉快，順利融入公司部門，與公司文化產生共鳴，幫我們達成甚至超越全球銷售目標，不過關於理想人選，我也願意接受你的指導。
- 了解該職務必備的核心技能，無論是面對面或是電話面試，都能在面試過程和履歷審核中有效驗證個人能力。
- 在我找到對的人時，能看出對方是完美人選。
- 協調一份能創造雙贏局面的財務及搬遷津貼，以助我僱用完美人選。所謂「雙贏」指的是公司和新聘員工雙方皆認為能從中獲得極高價值。

　　從我個人有限的意識觀點出發，以上就是我認為我想要的，請幫我實現目標，甚至超越目標。

[簽名]

親愛的＿＿＿＿＿＿＿：

我們的網站需要重新設計，這件事對我們非常重要。過程中有各種堅持己見的聲音，正因為這是我們公司的命脈，所以不容輕忽。請幫我們找到網站的正確概念，網站需要：

- 在視覺上滿足我的要求。
- 在視覺上滿足總經理的要求。
- 穩定增加我們自製示範影片的下載次數，以及從中衍生的銷售成交數量。
- 請和我們的設計師合作，請你或在我的指導下，協助他構思發想完美的設計理念。「完美的設計理念」是指最能與潛在顧客和客人產生共鳴的整體視覺、使用感受、導覽，及流暢性，同時幫我們達標或超越目標值。

這對我、總經理、我們的人際關係、公司成敗，真的至關重要，做好網頁就是我能給予公司和個人職涯最好的禮物，所以請你幫幫忙！

從我個人有限的意識觀點出發，以上就是我認為我想要的，懇請你幫我實現，甚至超越目標。

[簽名]

親愛的＿＿＿＿＿＿：

我今天寫信給你，是想和你聊聊我的客戶＿＿＿＿＿＿。

我接下這個客戶，也答應幫他們建立公司，因為他們都是好人，服務也很優良，目標是深具獲利潛力的市場領域。我們最後決定，我得幫他們打造以下事物（但只要能幫他們達成目標，任何方法我都樂意接受）：

- 為新公司發想新名字，替即將開發的全新品牌創造優勢。
- 一份在客人受邀前來免費諮詢後，兼具教育、激勵、銷售服務用途的白皮書。
- 一封能刺激收件人索取白皮書的全新銷售書信。
- 一個引導訪客索取白皮書、並能線上提供白皮書的全新網站。
- 一個可刺激收件人索取白皮書的郵件行銷策略。
- 一種可以吸引網站訪客前來、帶動白皮書索取量的線上行銷策略。

我做了許多研究，也了解他們的市場，對於這份專案自信滿滿，但我想請你親自幫忙，或是指引我找到可用人才、點子、資源、技術、策略，讓我創造以上資源和素材，確保專案順利成功。「成功」的定義是：

- 創造出結果穩定又可預測、高獲利多達3倍以上(最好是更多)的行銷機器。
- 他們的銷售獲利穩定起飛,進而取得執行公司其他商業計畫所需的資金及另一組管理團隊。

  我很喜歡這個客戶,也真心相信他們及他們的事業。我想要幫助他們,但你也知道我現在手頭事多,差點因為怕自己分身乏術就拒收他們。我需要你盡量讓我保持專注和效率,工作步調不要太繁忙,有效劃清及維持界線,同時樂在工作。關於我對專注、效率、輕鬆步調和界線的定義,相信你已從之前的求助方案知道。

  從我個人有限的意識觀點出發,這就是我認為我想要的,請你幫我實現,甚至超越目標。

[簽名]

親愛的_____：

我這次寫信給你，是想知道若市場情況允許，我應該怎麼幫藍海軟體在明年春季或你覺得更適合的時機，成功推動IPO。「成功」是指IPO可創造最高初始股價（以擴大股東價值、降低稀釋），吸引各方投資人和造市商，長期下來挺過股價微幅不穩的時刻，盡可能讓股價長期保持強勢，持續成長。

只要IPO可以成功，我們願意聽取你的任何意見。就我們所知，除了銷售額和獲利要保持亮眼（另一個求助方案已有提出），想要IPO進行成功，我們就得做這些事：

- **和頂尖投資避險公司結盟**。我們需要的不是他們的經費，而是他們幫忙敲開頂尖投資銀行家的第一塊磚。所以請幫忙尋找最可能幫我們敲磚成功的公司。
- **找2~3名重磅級高手加入董事會**。「重磅級高手」是指具有類似紀錄和資深經驗的董事，幫我們經營公司，建立良好聲望，在其他想同時展開IPO的公司之中鶴立雞群。
- **能引起財經媒體和社群正面關注的公司氛圍**。我們希望分享出色亮眼的故事，透過口耳相傳，讓IPO獲得最高效益，但要找到最好的方法，我們就需要些協助。
- **和頂尖投資銀行家合作，完成公開募股**。真的要做，就要做到最好，包括網羅最成功、技術高超、人脈最廣、

信譽最優的投資銀行家,幫我們吸引投資人,成為最具價值的策略合夥人,不但能抓緊收購機會,最終也能成交。

- **挑選最佳時機。**由於自IPO首次通過(開始流程後也可能加速或延長)到完成大致需要6個月,再加上我們想在股市最有利的情況下展開IPO流程,所以我們需要你的協助(在你容許的範圍內)。為求獲得最高優勢,請你算出最適合展開6個月IPO流程的時間,指引我們做出兩大關鍵決定。

- **盡興享受!**我們都知道公開募股是一場瘋狂大冒險,可能收穫豐碩,隱患也可能不少。我們不習慣被外人放大檢視,也不習慣外人給我們壓力,非要我們拿出什麼成果,不過這都是IPO的過程和包袱。所以請幫我們在這片「地雷區」避雷,全心全意享受過程。我們希望這會是一段精采有趣又令人永生難忘的回憶!

從我個人有限的意識觀點來看,以上是我們需要的協助,懇請你以上述方式協助我們,如果你看見其他機會,我們也不在意你利用其他方法,幫我們實現上述的IPO成功佳績。

[簽名]

親愛的＿＿＿＿＿＿＿：

我寫信給你是想聊聊我的直銷生意。你也知道，我現在和＿＿＿＿＿合作，賺取另一筆收入，以補貼現有薪資（年薪10萬美元），希望12個月內收入能和＿＿＿＿＿一樣甚至更高，然後辭掉原本的工作，進度超前更好，然後全心投入＿＿＿＿＿事業。這方面，我需要你的協助。

只要你覺得最好的決定，我都願意接受。就我所知，為了達成目標，我需要你親自出馬幫我，或是也可以指引我，找到可用人才、點子、資源、技術、策略，幫助我做到下列事項：

- 找到最強手段和有效策略（不但要符合我的個性，過程也愉快），幫我網羅招募更多分銷商，讓他們快速起步，並且保持幹勁、迅速上軌道（尤其是剛開始），鼓勵他們確實運用「系統」，持續推動他們的事業成長（我的也是）。我偏好在公司內部（最好是我的上線）找到一名頂尖導師，要是結果會更好，我也不排斥公司外部的人幫我，這方面我很彈性。「頂尖導師」的定義是某個起步時環境背景和我現況相似的人，年薪連續兩年以上高達10萬美元，甚至超過這個數字。但如果有你覺得更好的人選條件，我也樂於接受。

- 我能遵照他的忠告，套用他提供的系統，堅持自律、充滿動力、不偏離正軌（尤其要是需要時間才能看見明顯成效的情況下），專注使用他介紹的方法系統，最後成功達標。
- 吸引正確人選加入團隊下線，同時我也能幫他們達標，不忘享受過程。「正確人選」的定義就由你決定了，我相信你比誰都懂。

　　除了導師傳授的技巧，若有其他可以幫我達標，甚至超越目標的手段和策略，也請帶領我尋找、發現、善加利用。

　　最後，由於我展開＿＿＿＿的兼職工作，還要兼顧朝九晚五的工作，可能導致工時過長。我需要你盡量幫忙我，在我有限的時間內投資這門生意，同時保持平衡。所謂「平衡」是指我能享受過程，有充足休息時間，保持身體健康、心情愉快，享有生活樂趣，盡可能保有和朋友相處的美好時光。我願意投入時間，卻不想犧牲整體生活品質。由於你比我清楚，什麼樣的生活方式對我才最好，所以我把這個任務交託給你，請你視情況提供協助。

　　從我個人有限的意識觀點出發，以上就是我認為我想要的，請你幫我達成目標，甚至超越目標。

[簽名]

親愛的＿＿＿＿＿＿：

我寫信給你是想聊聊我的業績目標。你已經知道，我需要在第3季達成25萬美元的業績，但現在進度有點落後。對於如何在剩餘時間內追趕進度、超越責任銷售額，我已大致有個想法，但要是你有任何方法我都樂意嘗試，而且我真的需要你的協助。

請你親自出馬幫我，或是也可以指引我找到對的人才、點子、資源、技術、策略，追趕超越我所需達成的25萬美元目標。

從我個人有限的意識觀點出發，以上就是我覺得我需要的，請你幫我這個忙，甚至超越目標。

[簽名]

親愛的_____：

我寫信給你，是想聊聊展開網路事業的事。我發現周遭很多人在網路致富，於是也想加入這個行列，卻不知該從哪種生意下手，或應該如何展開、經營網路生意、如何從中賺到錢。

我想請你幫我挑選，展開符合以下條件的網路生意：

- 能讓我經營得開心。
- 符合我的人生目標。
- 我可以先從兼職開始，慢慢拓展事業。
- 具有生財潛質，能讓我在12個月內（或更短期），每月穩賺1萬美元淨值（甚至更多）。
- 提供客人覺得有實際價值的產品或服務。
- 完美配合我目前的工作時程、家庭生活、健全的生活方式（「健全」就交給你定義了）。

我很確定還有其他需要提出的求助內容，不過其他都全權交給你處理，畢竟你知道什麼對我最好。

從我個人有限的意識觀點出發，以上就是我認為我想要的，請你幫忙達標，甚至超越目標。

[簽名]

第 4 章　遊戲規則　103

以下是我寄給內在執行長的真實求助方案，最後我成功在10個月內賺進20萬9698美元，輕輕鬆鬆償還15萬3000美元的債務，也終結我墨菲定律魔咒的7年惡夢。有件事我還是要告訴你，那就是自這份求助方案之後，我的撰寫技能大大進步，但我還是想讓你看一下原始版本，要是我是今天撰寫，內容肯定很不一樣。

親愛的內在執行長：

我需要和你聊聊自上次聯絡後，我在財務狀況、收入選項、職業生涯上的進展與改變。

為了簡化內容，雖然大多時候是指我和妻子希西莉，但我全部只用「我」代替。

我大致上想請你幫我執行下列事項：

1. 指引我找到對的人才、點子、資源、機會、行動、客戶等，要能夠幫我完成以下目標，同時又不偏離真實的我及我真正想過的人生，讓我享受過程、保有幸福喜悅、減輕壓力。
2. 然而如果求助方案不符合我的人生目標，請你明示我理由，幫助我理解狀況，好讓我能帶著清晰頭腦、平靜情緒，以及自信心態來改變方向。
3. 如果符合我的人生目標，進步途中卻遭遇不少阻力，請幫我解除或改變。
4. 除了上述請求，請明確指引我找到問題的關鍵核心，一勞永逸消滅或壓下我那無止境的花錢欲望（就算已經沒錢還是忍不住花錢），因為這真的製造太多問題。

以下是我個人的想法：我真正想要的，是上一封信中向你描述的「作家人生」。在我逐漸看見進展，也一層層剝除對我

沒幫助的舊模式後,我相信我正一步步走上這條路,也相信這就是我的本命。

但我清楚這個計畫可能需要一點時間,所以等待作家人生實現的同時,我得打造全新的職業生涯,以及對我有益的賺錢情境,以下是兩個我需要幫忙的層面:

1. 債務:我需要你幫我做到以下事項。
    a. 盡可能快速輕鬆零壓力地付清我們積欠希西莉爸爸的剩餘債務,最好是在今年底前完成。
    b. 盡可能快速輕鬆零壓力地付清我欠母親的5000美元,最好是在今年底前完成。
    c. 盡可能快速輕鬆零壓力地全額付清北方信託銀行的8萬美元,最好是在今年底前完成。
    d. 盡可能快速輕鬆零壓力地全額付清我所有信用卡債,日後再也不再背卡債,最好是在今年底前完成。

2. 賺取收入:請你幫我打造以下情境。
    a. 每天都抱著期待的心情工作。
    b. 主要負責管理專案、任務、點子、帳戶或商業合作關係,不用插手人事。
    c. 可從任何來源或綜合來源,長期規律獲得每月至少6500美元的可支配薪資,最好是每月收入一萬美元以上。

d.減輕壓力，享受樂趣和興奮期待，接受挑戰，以適合我個人的層面(著眼大方向等)，從事我最喜歡也擅長的創意工作(例如：寫作、行銷、擬定策略、溝通交流、演講、教學)，同時拓展我的個人技能、才藝、實力。

e.在正面環境下，與態度積極、我欣賞尊敬、與我個性契合、合作無間的人共事，對方也要能回應我提出的要求和點子。

f.打造工時彈性的生活方式，可容許偶爾遠距工作。

截至目前，以我個人有限的意識觀點出發，這就是我認為我想要的，請你幫我達成目標，甚至超越目標。

就是這樣，照你的意思去做吧。阿門。

[簽名]

誠如你所見，掌握擬定求助方案的技藝其實不難，只要培養基本常識、謹慎遵守指導方針、調整焦點和意圖、專注細節、長期練習，你就能駕輕就熟。

　　現在你已經知道如何擬定求助方案，獲得理想成果，下一步就是把完成的求助方案交給內在執行長，請它審核批准。你的終極目標就是方案通過審核，然後送到無形網絡，獲得所需協助，第5章我將會帶你發掘簡單有趣的做法。

CHAPTER 5

催下你的油門

> 與其把有才華的人形容成樂手,倒不如說他們是樂器。畢竟少了伯樂出手,他們一個音符都發不出,然而只消伯樂輕觸撩撥,他們的美妙樂音便可流瀉滿室。
>
> ——劇作家法蘭茲·格里柏策
> (Franz Grillparzer,1791～1872年)

本章要講的是應用第11元素系統的第3、4、5、6步驟。

第3步：提交求助方案，請內在執行長批准。
第4步：獲得批准。
第5步：善用無形網絡取得協助。
第6步：精準審查，決定規劃。

第3步：提交求助方案，請內在執行長批准

引擎加上渦輪增壓器後，就算燃油量不變，引擎性能卻變得更強勁。若你在追求事業成就和財富的路上，想為引擎加上渦輪增壓器，強化效率，就必須號召內在執行長前來協助與支援，透過無形網絡善用龐大的可用資源。

求助方案寫好之後，就必須交給內在執行長批准，才能夠啟動無形網絡活動。為了幫你更理解交件流程，不妨想像一下你的內在執行長在偌大的控制室工作，裡面有許多電腦、顯示器、電話、內線系統、手機、傳真機、音響設備等。也可以想像內在執行長有一組助理和助手團隊，和它在控制室並肩工作，管理與完成專案。

完美的控制室影像化例子出自電影《楚門的世界》(*The Truman Show*)，要是能幫你迅速進入狀態，那麼這部電影很值得一看，任何影音出租店或折扣暢貨中心應該都找得到。你會在後面幾章發現《楚門的世界》有許多很棒的視覺畫面，對你應

用第11元素系統大有幫助，你可能甚至想直接買下電影，重複拿出來看。

你的內在執行長在控制室監督你所有思想、你說的每一句話、別人對你說的每一句話，你大大小小的感受，每天生活周遭發生的大小事。它在控制室裡，利用無形網絡的搜尋引擎和其他可用資源進行研究、把求助方案寄到無形網絡、處理回應、協商討論、擬好協議、撰寫計畫、管理與完成專案。控制室全年無休，從不間斷，忙得不得了！

你的內在執行長隨時都在想方法幫你，不過關於你、你的人生、進行的專案管理等海量資訊，全都流進這間控制室。控制室嘈雜喧譁，所以你的內在執行長通常聽不見你的呼救，也不知道你需要哪種協助。

如果你可以在腦海中放一個錄音機，全天候錄下你經歷的每件事，事後回放聆聽你對自己說的每一句話、你的每一個想法、你對別人說的每句話等，你可能會很困惑，自己的人生是怎麼了。我們時時刻刻都在改變想法，每發生一件事，就會立刻做出某種情緒反應、說出或想著某件事，20分鐘過後又冷靜下來，說出或想著另一件事。我們對某人講到對某個主題的想法，可是同樣主題，改天對別人說的話可能又截然不同。

例如：你可能某天不順遂，於是內心想著或說出「我討厭這份工作，乾脆離職算了」、「我討厭主管，真希望他被炒魷魚」，或是「真希望回到單身狀態」。你真的希望內在執行長認真看待這類想法或話語嗎？當然不。但是試想一下，你的生活

第5章 催下你的油門　111

中有多常出現這種話,要你的內在執行長真正理解你的渴望、需求、意圖,是一件多困難的事。

你可能心想:「哎呀!我發發脾氣而已,又不是認真的,我的內在執行長知道啦。」有時它知道,有時它不知道。你是不是認真的、是否不過是一個閃過的念頭,或是心情不好而已,有時要它釐清並不容易。最好的做法是消除所有犯錯或誤解的可能,和內在執行長盡量保持清晰直接的溝通。

控制室的噪音指數也說明了,為何傳統的10大元素技巧有時奏效,有時沒效。要是沒使用第11元素的人覺得有用,是因為他們的求助方案有時排除噪音,成功送到內在執行長手裡,它批准通過方案、採取行動。但是求助方案只是碰巧排除噪音,而不是透過嚴謹系統得到的結果。最好是以簡易快速、條理分明的方式排除噪音,對內在執行長提出請求:「嘿,我需要你幫我這個忙,現在就要!」

有兩種求助方案寄送技巧,可以應用在平常的各種情境上。第一種情境是求助方案不緊急,需求也不急迫,而你還有時間運用第4章的11項指導方針,慢慢撰寫方案。第二種情境是事情正在發生,你急迫需要幫助,卻沒時間按照指導方針,撰寫求助方案。

在我進一步解釋技巧前,記住這兩種情境的終極目標,就是你和內在執行長建立暗號系統,才能讓它馬上知道你剛剛寄出求助方案,它應該放下手邊所有事,優先考量這份求助方案。

我小時候看過很多偵探電視劇和驚悚片,很多時候會在高

階官員的辦公室中，看到一個特別的紅電話，紅電話是美國總統專線，要是總統打來，紅電話就會亮燈，發出嗶嗶巨響，立刻引起你的注意。負責與總統聯繫通話的高官只有一項任務，那就是緊盯紅電話，一響就立刻接起。

這就是你要和內在執行長協調安排的事，你必須有一個類似紅電話的東西，內在執行長則是偵探間諜電影的政府高官，它只有一項任務，那就是等待特定信號，在你來電時立即回應。

我自己會準備一個**請求信函箱**，也把這一招傳授給客戶和學員。我準備的是一個巫師頭顱形狀的大餅乾桶。請求信函箱是什麼造型不重要，什麼都可以。我喜歡巫師，平時也收集巫師的東西，所以特地選一個巫師造型餅乾桶當做請求信函箱。請求信函箱沒有「好」或「不好」，選擇使用哪一種箱子也不會影響結果。你只要確定箱子是自己喜歡的，符合你的審美觀，容量夠大，容納得下所有求助方案就好，畢竟求助方案會與日俱增。另外，你的請求信函箱也要夠隱密安全，他人無法看見這些對你很重要的內容。

每當你使用請求信函箱，意思就是告訴內在執行長「請隨時留意箱子動向，當我放東西進去，就表示我在求助，我需要你的幫忙。」然後你的內在執行長和它所有員工只需要留意你的請求信函箱，不用再從你腦海中的雜音和環境摸黑找線索。丟東西進去請求信函箱內時，就好像美國總統的紅電話亮起燈，鈴鈴大響。

按照11條指導方針寫好求助方案後印出來，丟進請求信

函箱，接著請求信函箱會送到內在執行長的控制室，等待它審閱，一切就真的就是這麼簡單，你卻會驚訝發現這個技巧有多強大，接下來的進展多麼令人不可思議。光是一個簡單優雅的動作，就能幫你消除最大阻力之一，排除所有雜音，清晰有效地和內在執行長溝通對話，而你的效率與成效，也遠遠超越第3章所說的10大傳統元素。

選好請求信函箱後，在家裡或辦公室找一個適合擺放的位置，簡單撰寫一封信，告訴內在執行長：「從現在起，每當我想寄訊息給你、需要你的幫忙，就會使用這個箱子」，然後描述這個箱子和它的所在位置。這就是一種內在信號，說明：「這就是我們的全新暗號，也是我從今以後和你溝通交流的方式。」

第二種情境下，你已經火燒屁股，急切需要協助，偏偏手邊沒有請求信函箱，也沒時間運用11條指導方針，慢慢撰寫求助方案。即使情境不同，還是可以運用同樣基本概念。你只需要某種暗號，幫你過濾雜音，直接向內在執行長求救。

挑選一個簡單信號，一個簡單卻獨特的肢體語言，告訴內在執行長：「每當我做出X動作，就代表我需要你的關注，我現在就需要幫忙。」這裡也一樣，你給內在執行長的簡單任務，就是尋找信號！

什麼信號都行，只要前後一致，不是你平時常做的事就好，否則你的內在執行長可能會滿頭問題。我的信號就是用右手食指輕敲3下眉心，說：「請你聽我說。」輕敲動作或這幾個字本身並無神奇效用，但是兩件事同時進行，卻一直能製造出特殊

罕見的結果,所以算是非常有效的信號,我已經用了好幾年,結果都很棒。

什麼時候發出這類信號?當你拜訪業務客戶,卻說不動對方;或是在某場重要會議或面試之前或過程中,有人問了一個你(應該要知道卻)不知道答案的問題;當你人在機場,想確定行李毫無損傷送達目的地;在冰天雪地的路上開車、必須自求多福時。情況簡直多到說不完,但你會知道何時是求助時機,只要確實發出信號求助就好。

決定你的信號,認真思考,確定這個信號很特殊,然後寫一封簡單的信告訴內在執行長,解釋你的選擇和計畫,例如:「從現在起,每當我遇到緊急時刻,需要你的協助,卻沒空好好使用請求信函箱,我會做 X 這件事,當做引起你注意的信號。」然後把信丟進請求信函箱,交到內在執行長的手中。

你是否覺得這方法聽起來過於簡單,很難相信有效?如果你的腦海飄過這種想法,不妨實際試試看,你就會發現它的威力有多強大,情況也會簡化輕鬆許多。

第 4 步:獲得批准

一旦收到求助方案,內在執行長就會進行審核,決定要批准、駁回,還是未來再考慮。做決定前,內在執行長會謹慎檢視以下事項:

- 你的人生目標和使命的全局。
- 要是通過這項求助方案,會對目前進行的工作案造成什麼影響。
- 要是通過這項求助方案,會對近期等待批准的工作案造成什麼影響。
- 其他相關細節。

這個流程就好比你是一名公司職員,然後走進首席執行長辦公室,提出要求:「我需要進行X計畫的經費」,或「我要3個人,幫我在3個月內執行Y計畫」,這種情況下,執行長會觀察公司整體目標的全局、當前發展,以及首席執行長若是選擇把經費投資在你的工作案,而不是用在其他案子,會有什麼樣的影響。要是派3個人把時間用在這3個月的工作案,而不是執行其他任務,會造成什麼影響。

就像在公司場合一樣,你提出的每項要求都會得到「通過」、「不通過」或「未來再說」的答案。而決定有時很快就下來,有時較慢,這點也跟在公司的情況一樣。但每項要求都會經過審核,而且會盡快下決定。別忘了,身處控制室的內在執行長和員工很忙,即使手邊案件數量不及幾千件,也至少數百件,而完成分析、做出正確無誤的決定需要時間。

如果決定「通過」,你就能繼續進行第5步。如果決定是「未來再說」,你的求助方案就會稍後考量,晚一點才有結論。要是決定「不通過」,就像是你的求助方案被揉成一團,扔進垃圾

桶。不過有一件事非常重要,那就是求助方案遭拒時,即使可能感到灰心喪氣,甚至憤怒,你都要理解,遭拒並非平白無故。「不通過」其實是好消息,並非壞消息,因為**求助方案之所以遭拒,是因為結果不會是你真正想要的。就算實現也不會對你有好處,即使感覺起來不是這麼一回事。**事實上,就算通過這類求助方案,也可能只是為你的人生招來不想要的負面結果,所以別忘記這個重點,保持理性客觀的心態。

雖然公司場合不見得都是這樣,但你可以確定的是,內在執行長絕對會公正聽完你提出的請求,而且做出好決定,不會犯錯。**你的內在執行長總會找方法幫你,批准你的求助方案,但是它有一個更重要的責任,那就是幫你實現人生目標、完成你的使命,絕對比帶給你一時的開心重要。**

第 5 步:善用無形網絡取得協助

如果你的求助方案獲得批准,該份求助方案或稍微修改的版本就會送進無形網絡。送進無形網絡後,接著就像回應報章雜誌廣告那樣,其他人的內在執行長會回覆你。

無論求助方案何時送至無形網絡,只要有人幫得上你,他們就會回應。這是一種自動程序,和意識層面不同,也就是需要幫助時可能得先放出風聲,可以幫忙的人或許會看到,也可能不會看到,看到了或許會回覆,也可能不會回覆。但要是求助方案送進無形網絡,正好有人可以幫你,他們的內在執行長

就會看見你的求助，然後回覆、開啟對話，如果你的內在執行長從所有可用人選中挑上他們，他們接著就會提供你所需要的協助。

你的內在執行長或員工也會利用無形網絡的搜尋引擎進行研究，善用其他無形網絡資源，幫你找到對的人選和解決方案。他們會審查其他人送至無形網絡的求助方案和訊息，看看是否有人張貼對你有用的資訊。打個比方說明，這就像在公司一樣，它們會打開通訊錄，聯繫朋友、同事、其他內在執行長、曾經合作的控制室員工，將所有可能性與選項都納入考量。

這一步的目的是建立聯繫，為了實現不同任務尋覓潛在人選，蒐集所有必要情報，挑選出可能帶你銜接缺口、跨越障礙的途徑，以最高效快速的方式獲得理想成果。

第6步：精準審查，決定規劃

從無形網絡蒐集齊全情報資訊後，上一步蒐集到的所有選項和可能，就會由內在執行長進行縝密審查，幫你找出最佳人選和解決方案。

要是提供貢獻的人才、點子、資源、技術、策略很多，那它就會從中篩選出最好的。揀選實踐計畫的考慮人選時，它會依據象徵相關的工作資歷和參考資料，進行審核證實，可能後續還有面試，其實很類似公司僱用員工或約聘人員的過程，只是比較省時，畢竟所有人事的完整真相都逃不過內在執行長和

員工法眼,決策過程因而簡化許多。

此外,你的內在執行長可能提出不同模擬題。例如:理論上有兩個適合幫忙的人選,這時內在執行長或許會提出多道「要是某某情況發生你會怎麼處理」的模擬題。可以想見,內在執行長和它的員工分析非常透澈完整,你的意識觀點設想不到的它們全都想到了,控制室發生的事真的很不可思議!

挑好最佳選項和人選,接著就要選最佳的執行時機,各層面的執行計畫(包括人選的時程表)都得先協調好。選擇最適合執行的時機又是一大挑戰,畢竟世界快速變遷,必須不斷按情況修改,例如貫穿古今,戰爭都會對個人和經濟問題帶來正負面影響,所以如果選擇實現計畫的時間點適逢戰爭爆發前夕,就得根據戰爭的進展重新考量。

再說,如果威廉・強森(William Johnson)的內在執行長同意,某一天提供你某項服務,幫你實現理想成果,但是強森的人生有所變動,導致他得提前或延後幫忙,你的內在執行長可能就得調整你的時間軸。這種情境常出現在個人生活和公司,你大概也已見怪不怪。

一旦選好最佳時機,和公司管理工作案一樣,接著就是協議及制定行動計畫。

有時精準審查、決策、計畫的過程很短,成果很快就實現,有時卻漫長無比、遙遙無期。這就是為何應用第11元素系統時要有耐心,說來簡單,但這確實是應用該系統的關鍵。

很多人在初次探索第11元素時,以為內在執行長法力無

邊，一個彈指就能輕鬆搞定所有事。當然不是這樣。如果求助方案很簡單，光憑內在執行長的能力就能解決，不需動用外力，或許確實會給人一種猶如魔法般神奇、不費吹灰之力的錯覺，然而大多求助方案遠比表面複雜，需要花時間心思去分析、思考、計畫、落實。最重要的是管理期待值，尤其是第11元素的新手。

第11元素系統的下一步，也就是最後一個步驟，就是實現理想成果，也正是下一章的主題。

CHAPTER 6

光速衝刺

> 智慧需要洞察與聆聽，承認內心的微小騷動和直覺、感官與感受，以及那些微不足道、我們常誤以為平凡無奇的事物。智慧是能聆聽微弱的聲音，在世界的忙碌、期許、常規撲襲而來時，聽見我們常常聽不清的耳語。
> ——作家珍·布羅姆奎斯特（Jean Blomquist）

> 直覺式思維是一份神聖贈禮，理性思維則是一名忠實奴僕。我們打造出的社會崇尚奴僕，卻忘了贈禮。
> ——愛因斯坦

本章要講的是應用第11元素系統的最後一個步驟：

第7步：實現成果

我是《星際迷航》和《星際大戰》等科幻節目和電影的死忠粉絲。這類電視劇中，太空船通常有兩種速度，一種是正常情況下的巡航速度，另一種是太空船長距離飛速前進的速度，也就是光速。

有時太空船以光速前進，飛行組員不消兩秒就抵達目的地，有時就算是光速行駛，也會因為距離長而耗上好幾天、幾週，甚至更久。探討第11元素時，所謂的光速是指比巡航速度更快到達目的地，卻不見得代表馬上抵達，或是依你定義的「快速」抵達。我們講過了，實際執行速度會根據精準審查、決策、計畫的流程而定。

清楚知道你想要的理想成果，也擬好求助方案，內在執行長通過方案，無形網絡就會啟動，處理回應、做決定，制定行動計畫，現在就剩實現成果，**接下來**你只需做好萬全準備，光速前進。意思也就是說，所有資源都已經準備到位，再來就等你跨越當前的缺口障礙，從現在的你進階到目標中的你。然而在跨越障礙前，你還得先克服另一項挑戰。

舉個例子，假設落實理想成果的行動計畫，需要你發想3個點子、聯繫兩個人、運用一項明確策略。你的內在執行長在控制室，很清楚這3個點子是什麼、那兩個人是誰，他們答應

幫你什麼，也明瞭你需要執行的策略，於是現在的挑戰變成：內在執行長要怎麼告訴你計畫細節？它該怎麼把點子傳達給你？它該如何確定你會聯絡上那兩人？它要怎麼確定你會發現策略，還要知道如何執行？何時執行？這裡同樣地，內在執行長無法輕輕一個彈指，就立刻澈底執行計畫。和日常工作一樣，計畫必須按部就班、線性進行。

有時它能輕易把計畫細節和待辦事項交到你手中，有時沒那麼容易。有時你的內在執行長得反覆嘗試，運用各種方法，才能成功將訊息傳達給你。再不然就是即使收到訊息，偶爾可能會發生無法預見的變化，迫使計畫不得不變更或重來。例如：假設內在執行長安排你和莎莉・強森（Sally Johnson）在週六晚間6點半在某派對見面，偏偏莎莉遇上行車意外，去不成派對，這時內在執行長就得執行B計畫，另外想辦法幫你聯絡上莎莉（或找某個替代人選），這種事在所難免，畢竟我們活在一個錯綜複雜、步調快速、變化多端的世界，規劃完善的計畫不一定會按照原意實現。

有時內在執行長試著發訊息給你，指引你執行計畫的某個步驟，偏偏你沒收到。也許它在你心底激起某種強烈感受，或是在你腦中植入某種想法，只是你沒發現那是它給你的訊息。也許內在執行長將訊息託夢給你，但你早上醒來已不記得夢到什麼。或是它派某人到你面前，透過對話傳遞訊息，你卻不知不覺，再不然就是沒有根據情報採取行動。這種時候，你的內在執行長就得一再嘗試，把訊息傳送給你，這麼做可能複雜繁

第6章 光速衝刺 123

瑣又耗時,這也說明了為何保持耐心這麼重要。

第5章探討的請求信函箱和簡單信號,可以排除雜音,將資訊流傳送至內在執行長手中。然而若想順利收到內在執行長的資訊流,就需要動用另一項策略。你得發想出**反向暗號系統**,同時盡可能開放不同溝通管道。

你也許覺得這個提醒很多餘,但是保持警覺和開放心態,知道任何人都可能幫你一步步實踐行動計畫,而且發生在任何時間地點,以你最意想不到的方式發展,抱持這種認知非常關鍵。

很多人試著全憑邏輯和頭腦經營公司,殊不知,這種策略漏洞百出又畫地自限,這就類似把提案丟在公司執行長桌上,說:「請你批准X專案」,然後回到自己的辦公室,甩門上鎖,拔掉電話線,關掉電腦,最後納悶:「咦?它怎麼沒回覆我的提案?」要是你關閉所有溝通管道,請問執行長要怎麼找到你?

你的內在執行長會一直試著告訴你,它已經批准你的求助方案,但也請你幫幫忙,保持開放態度、耐心等待,盡可能留意諸多溝通管道,對生活各種動態保持警覺。

現在我有一則好消息,還有一則壞消息。好消息是,我們可以運用策略加快這個流程。壞消息是不同於第11元素系統的其他步驟,要說到如何接收內在執行長的情報和指導,實現成果,我只能指引你正確方向,無法給予你明確又百分之百奏效的規則或公式,為什麼?因為你和我(還有本書每位讀者)都不

同。我們的性格、喜好、過往、思想方式、感受情緒的觸發點、追蹤留意的事都不一樣,能引起我注意的暗號或信號,對你可能行不通,而對你有用的可能對我無效。所以你需要和內在執行長慢慢培養默契,決定出對你有意義的暗號和溝通系統,並且視情況需要,不斷更新改寫。

接收到內在執行長的指導策略

為了改善你接收天線的技能,更有效率收到內在執行長的訊息,以下是4個值得考量的選項,接下來亦提供不同例子,說明成功富裕的企業家是怎麼收到內在執行長的情報和指導,並示範運用以下4種選項時,是什麼情況、什麼感受。

1. 尋求一般的當頭棒喝信號。
2. 要求特定信號。
3. 請求協助,喚醒開發你的直覺或第六感。
4. 尋求直覺輔導師協助,喚醒你的直覺力。

尋求一般的當頭棒喝信號

還記得撰寫求助方案的章節吧(第4章第8條指導方針)?我們提到運用不同方法,請內在執行長在給你情報或指導時,發出當頭棒喝般、一看就懂的信號。要是能在求助方案中加入這些字眼,你就會發現效果很不得了。

要求特定信號

　　這個方法要慎重使用，而且務必開放回應選項，但最有效的策略就是告訴你的內在執行長，請它在收到你的求助方案時，發出某特定信號做為回應。例如：我有個朋友訂了一個規則，要是她嘗試某個方向，可能是致電某個客人、前往某個地點，或是採購某樣商品，要是連續3次遭拒，她就把這解讀為不通過，然後放棄這個方向。她稱這方法是「3振出局規則」，好消息是，要是你和內在執行長使用這種暗號溝通，說：「聽我說，我要採取3振出局規則」，你的內在執行長可能會說：「好，我向你保證，如果這就是我想給你的訊息，我就會阻礙你3次。」

　　這種策略的風險是，有時我們會在生活上遭遇阻力，但有時努力過程中不斷遭遇抗力，卻可能不是內在執行長發出的訊息，而這正是你得開放回應選項的原因。舉個例子，你可以在使用暗號系統時，說：「我要使用3振出局規則，但要是我碰到3次阻礙，你還是希望我繼續下去，請給我當頭棒喝般的信號。」

　　我有位客戶想知道自己是否該選擇某事業方向，於是有次他提出問題，明確指定要是答案是肯定的，他就會在接下來24小時內看見3次黃玫瑰。他覺得這是一種很好的暗號，畢竟他很少看到黃玫瑰。後來他也收到信號，按照信號行動。

　　這要看你明確指定的暗號是什麼，內在執行長也可能無法按照你的要求給你，所以這裡一樣，務必開放選項，你或許可以說「請讓我在接下來24小時內看見3次黃玫瑰，但如果這不

可能,請給我當頭棒喝般的信號。」

或者可以說:「如果你要透過想法、感受或直覺發給我信號,請在我的喉嚨或肚皮上搔癢。」盡量發揮創意,你就能發掘許多各種對你奏效的方法。如果你採用這個策略,就得指定某種罕見信號,但不要太晦暗難懂,免得你的內在執行長難以達成要求。

請求協助,喚醒開發你的直覺或第六感

直覺是什麼?什麼是第六感或通靈本領?內心直覺是指什麼?特殊感應是怎麼一回事?從第11元素的觀點出發,這種概念其實沒那麼神奇或神祕,不過是一種標籤,指的是接收內在執行長或無形網絡訊息情報的過程。我在第1章提過,其實你已多次透過無形網絡接收內在執行長的訊息,也心知肚明這種情報來源再真實不過,只有第六感經過大肆炒作、當做詐騙手法是例外,譬如靈媒熱線及假裝具有靈異體質的人。

在日常生活中為了與人溝通,我們會使用電話、手機、電視、收音機、數據機、傳真機、通訊衛星等,而這些系統的運作都仰賴數據和頻率。如果你想用電話、手機、傳真機或數據機找到某人,就得先知道要撥打哪支號碼。若是想接收電視臺、廣播電臺或衛星頻道,你就得將接收器調至某個頻率。所有流進無形網絡的情報和訊息也是使用數據和頻率,你可以學習調整接收器的頻率,以利接收內在執行長和無形網絡的情報和訊息。跟任何技能一樣,這也需要時間和練習,再不然就是一個

好老師或指導師。對我來說，直覺是一種終極力量，能透過無形網絡賦予你情報和資源，現在你已經知道直覺有多強大，就應該優先考慮培養這項技能。

《一分鐘經理》(*The One Minute Manager*)的共同作家肯‧布蘭佳(Ken Blanchard)是好幾本管理暢銷書的作者，他說：「我毫不懷疑，只要有效運用直覺管理，就能改善公司組織的決策品質。」

心理學家兼《覺醒直覺》(*Awakening Intuition*)作者芙朗西絲‧佛根(Frances E. Vaughan)也說：「任何時刻，人都只能體察感知到一小部分，可是直覺卻讓人能夠運用潛意識的龐大倉庫，且不局限於曾經體驗或學習到的知識，不光是有意識或下意識，也有集體或共有的潛意識無限寶庫，超越個體獨立性和自我的限制。」

直覺帶來的情報和訊息(我稱之為**預感來襲**)可能以各種形式樣貌降臨。就身體層面來說，預感來襲會在你的身體產生某種感受，譬如喉嚨突然搔癢、心窩附近感到壓迫，或腦中突然發出一聲喀嚓斷裂。就情感層面來說，可能會是一種感覺或**感受調性**。就我的個人經驗來講，若預感來襲出自內在執行長或無形網絡，感覺很不一樣，這種感覺俐落乾淨，強而有力或是更清晰。就心理層面來說，預感來襲可能是腦中突然浮現圖像、點子或聲音，你會在這章稍後讀到許多預感來襲推動突破、事業財富雙收的故事案例。

韋斯頓‧亞戈(Weston Agor)和3000位公司主管進行4年

研究，研究對象來自各種公家與私人組織及管理情境，而他在著作《直覺決策的邏輯》(The Logic of Intuitive Decision Making)中為該研究下了總結。他在這本書的序言中寫道：「這份報告的一項關鍵發現就是，每個組織的高階主管，都擁有與下屬南轅北轍的重要特性（以數據來看），那就是**他們懂得運用直覺，做出管理決策。**」

亞戈繼續解釋：「其中一個顯著要素就是，高階經理通常覺得傳統分析技巧（好比目標管理［Management By Objectives，簡稱MBO］或計畫評核術［Program Evaluation Review Technique，簡稱PERT］）已經不如以往，再也無法有效引導決策方向。主因是現在的高階主管得在變化快速，甚至危機四伏的氛圍下，做出重大決策。推陳出新的趨勢通常會讓就潮流中的線性模型反而變成謬誤或誤導。」

亞戈也寫道，著名心理學家榮格的研究發現，善用個人直覺的經理人，他們通常擁有他人不具備的特定決策技能，像是：

- 任何情況中都能看見潛在可能。
- 能感知或預見未來發展，公司組織要如何應對。
- 游刃有餘發想新點子，巧妙找到解決老問題的新方法。
- 有效應對變化迅速、極其複雜的決策局勢。

亞戈的研究顯示，預感來襲在以下情況格外受用：

- 不確定性高。
- 幾乎沒有先例。
- 變數的數據往往不可預測。
- 事實有限。
- 事實未清晰指出局勢方向。
- 時間有限,且有做出正確決策的壓力。
- 同時有好幾個可以選擇的解決方案,每個都很適合。

這些情況聽起來耳熟嗎?拚事業和財富時,你是否每天也面對同樣情境?

亞戈又繼續說:「這些主管也表示每次出差錯,多半是因為他們未能有效運用直覺,引導他們做決策,也因為受到其他要素『分神』,可能是自尊心等因素,進而干擾了他們平時的直覺判斷。」

麥克・戴爾寫道:「做決策時也要套用勇於實驗的心態,有時你不能乾等所有資料數據都齊全了才做決定,而是得根據個人經驗、直覺、可用資料、風險評估,做出最好的決策。」

我和藍海軟體的首席執行長羅斯・霍伯斯合作近5年,看過他憑直覺做出幾百個決策,他稱這是「內心直覺」。他的決策多半不是聽從傳統觀念、專家忠告,或管理團隊的強烈意見。

他每次獲得的資訊都是千真萬確出自他的直覺,而他所做的決定也確實百發百中。我說「千真萬確出自直覺」,是因為很多人相信(包括羅斯在內),某些情報或感受是來自直覺,事實

上卻不是（其實是恐懼、深根柢固的信念、驟下結論使然）。要是聽從這種錯誤解讀而採取行動，最後就**可能**犯錯，到時你的內在執行長就得幫你擦屁股，修正問題。內在執行長當然可以導正你的路線，但還是減少導正路線的可能，把時間精力用在其他工作案比較明智。

你得和內在執行長共同培養**分類技能**，才能分辨預感來襲和其他形式的情報。你必須撰寫求助方案、花時間精力，但要是你認真去做，就可能培養得出並精進這項技能。

學會喚醒培養你的直覺不是這本書能教你的，但你可以開始練習，只要跟著指導方針，開始寫求助方案，喚醒培養你的直覺技能。

尋求直覺輔導師協助，喚醒你的直覺力

培養自我的直覺技能時，善用直覺輔導師服務，對你或許大有幫助。有些人天生擁有高度直覺技能，或是經年累月積極培養出敏銳直覺。我在職業生涯中曾多次找過直覺輔導師，就連現在無法釐清我接收的資料、需要更多指引，或是想確認預感來襲的時候，我也會去找直覺輔導師。我有幾個長期合作的直覺輔導師，平時工作也會碰到新的直覺輔導師。

學習消化內在執行長發出的訊息

正如我們先前提到的原因，接收到內在執行長的情報和指

引,是一場沒完沒了的挑戰,不是簡化成幾條規則、公式、信號,就可以發懶不管,日後不再費心。

這個過程多多少少帶著神祕感,需要運用創意、努力、保持警覺,對於生活中各種預感來襲和動向來者不拒。不過你可以利用這4種選項,和內在執行長合力擬定最適合你的策略,降低搞不清楚狀況的機率。

你可以把接收內在執行長協助的過程,比喻成和舞伴初次學習舞步的過程。跳舞時,領舞者會先做出一個動作,舞伴以舞步回應,接著領舞的人會再做一個動作,舞伴隨之起舞,以此類推。一開始舞伴動作會不太流暢,但隨著時間慢慢過去,加上勤奮練習,雙方就能培養出默契,動作變得流暢優雅,而你只需要展現欲望、努力、練習。

關於怎麼和內在執行長共舞,《楚門的世界》電影提供了不少例子。用楚門和電視劇導演的關係,比喻你和內在執行長的關係,其實不是很恰當(電影中的導演瞞騙限制楚門、操控他的思想,跟你和內在執行長的關係不同),但這些場景可以在你腦中激起很有作用的思維流程,幫你學習運用第11元素。

如果你使用我建議的溝通選項,或是你靈光乍現,再不然生活中發生某件事,但你不確定是內在執行長要給你的訊息,你可以使用模板撰寫求助方案,例如:「我請你幫我進行X計畫,也要求你給我一個信號,接著發生Y事件。我不確定這是不是你發給我的信號,如果是,請再給我一個當頭棒喝般的信號,證實我的猜想沒錯。」

情報和指導實現成果的例子

現在你有了一般的溝通選項和指導方針，也知道如何接收內在執行長的情報，以下提供幾個我的人生案例，以及成就非凡的富豪企業家故事，帶你了解求助方案是如何實現，內在執行長又是如何傳達情報。

第一個案例是英國最成功企業家之一，理查‧布蘭森（Richard Branson）。布蘭森是名氣響亮的億萬富翁，天賦異稟，又別具個人風格，我非常崇拜他。布蘭森致富的兩大成就，分別是維京唱片（Virgin Records）和維珍航空。

創辦維京唱片其實純屬意外。布蘭森早期職業生涯中曾創辦雜誌，可是雜誌生意失敗，公司遇到嚴重的現金流問題。有天夜晚，他和員工坐在家裡腦力激盪，努力想出盡快賺到現金、力挽狂瀾的辦法。

腦力激盪時，布蘭森腦中突然冒出一個念頭，他想到可以用郵購形式販售折價唱片。他從沒想過可以賣折價唱片，他本來興致缺缺，這個點子卻在那個當下第一次閃過腦袋，瞬間豁然開朗。現在大家越來越喜歡買唱片，偏偏零售店都是原價販售，以郵購手法銷售折扣價唱片，也許不失是一種成功策略。

這個點子突如其來「閃過他腦袋」，於是他們開始進行銷售計畫，策略果然奏效，最後如同雪球效應，布蘭森開創自己的唱片品牌：維京唱片。自創品牌的想法又是從哪裡來？當然是內在執行長傳訊息給他，引導他展開符合他人生使命的大事

業。布蘭森本人有所不知，其實內在執行長躲在幕後默默耕耘。

維珍航空也是在滾雪球般的發展下誕生。布蘭森經營維京唱片和其他事業，已經忙得暈頭轉向，一樣沒有意識到自己對航空業感興趣，也沒想過經營航空公司，但某天午後蘭道夫·費爾茲（Randolph Fields）致電布蘭森，問他有沒有興趣買下一間航空公司。起初布蘭森意興闌珊，但在費爾茲堅持之下，最後布蘭森同意看一下書面提案。

密克·布朗（Mick Brown）在《理查·布蘭森自傳》（*Richard Branson, The Authorized Biography*）中，談到費爾茲的航空公司提案：「布蘭森一開始承認，常理告訴他無論如何都要避開這門生意，畢竟他對航空業一無所知，也不認識蘭道夫·費爾茲，這門生意和唱片業或娛樂產業八竿子打不著關係，完全偏離維京唱片拓展相關事業版圖的原則，再說理論上投資航空業，可能會導致維京唱片破產。」

那麼為何才過了48個小時，布蘭森就簽下協議書，同意加入航空事業？他為什麼要違反邏輯常理，冒這麼大的風險？因為他收到內在執行長的清楚信號，於是放手去做。這次也是一樣，內在執行長在布蘭森渾然不覺的情況下，默默耕耘浩大工程，為什麼？因為這項工程符合他的人生目標和使命啊！

在布蘭森打造億萬美元成就的職涯故事中，諸如此類的例子比比皆是。人才、點子、資源、技術、策略突如其來找上門，為他推波助瀾。再不然就是內心浮現某種感受，讓他做出違反邏輯常理的決定，帶來破天荒成就。

再說到運動鞋公司耐吉吧。耐吉本來是兩名男人，比爾‧鮑爾曼（Bill Bowerman）和菲爾‧奈特（Phil Knight）共同創辦的品牌。在奧勒岡大學（University of Oregon）擔任田徑教練的鮑爾曼滿腔熱血，想要自創獨特革新的田徑鞋，幫助選手獲得突破。

甫創辦那幾年，耐吉的一大突破降臨，這個令人意想不到的突破，讓他們打造出成功熱銷的大型運動鞋系列產品。鮑爾曼和妻子早餐常常吃格子鬆餅，對他們來說很平常，沒有什麼特別。然而有天早晨，鮑爾曼一邊思考運動鞋設計，一邊吃著格子鬆餅，突然靈光乍現。他拿著格子鬆餅機衝進車庫，倒入橡膠。萌生這個點子後，他創造出耐吉如今最知名的鬆餅鞋底。搭配上輕量鞋的鬆餅鞋底，在田徑跑道的抓地力，比原本的波紋鞋底牢固，立刻大受消費者歡迎。鮑爾曼的靈感來自何方？只是碰巧發生？還是來自內在執行長的訊息？我讓你自己決定。

最初創辦時，耐吉叫作藍帶運動公司（Blue Ribbon Sports），後來隨著公司規模日漸擴大，他們想要換一個更符合新方向的名字。團隊絞盡腦汁，卻想不出令人耳目一新的名字。管理團隊成員傑夫‧強森（Jeff Johnson）某晚做夢，夢中一個念頭突然「閃現」他腦海，公司應該改名為耐吉，也就是希臘神話中有一雙羽翼的勝利女神，最後甚至念念有詞著「耐吉！」醒來。他怎麼會靈光閃現？他為何是從夢中得到啟發？是內在執行長讓他靈光乍現，夢境則是它採用的有效溝通管道，傳遞這則訊息！

耐吉的發展如日中天,後來也曾遭遇經營困難,而他們逆轉頹勢、重新成長的催化劑也很有意思。耐吉的蓬勃發展一直有賴於和代言運動員簽定的合約。簽約條件很簡單,耐吉每年付一筆酬勞,換取運動員比賽時穿耐吉運動鞋,策略效果很好,也是一種間接的廣告行銷手法。耐吉向來的做法都是砸大錢,同時與好幾名不同領域的運動選手簽約。

然而經營不順的那幾年,他們決定改變策略,不再同時和多名籃球選手簽約,只簽一名球員,單靠一人強力主打商品。但是要選哪位球員?這個人必須是新面孔,天賦異稟、健康迷人,符合耐吉的品牌形象。

他們不斷爭論應該選哪名球員,過程中考慮了不少人選,耐吉員工桑尼・瓦卡羅(Sonny Vaccaro)卻表示,他「有股預感」,要選就該選麥可・喬丹(Michael Jordan)。就後來喬丹的發展來看,這個選擇當然合理,可是當時的喬丹只是菜鳥,沒人料得到他會有今日的發展,對耐吉來說是一大賭注,尤其當時公司正好營運不順。

其實喬丹比較想和愛迪達(adidas)簽約,於是百般推辭,最後耐吉成功簽到喬丹,並且利用他的個人魅力,以「空氣喬丹(Air Jordan)」系列產品賺進1億美元,解除了公司危機。

桑尼・瓦卡羅的「預感」打哪來?他是怎麼「知道」喬丹會大紅大紫?這裡你看見的一樣還是內在執行長的操作,以及無形網絡帶來的不尋常觀點。

下一個例子是溫蒂漢堡連鎖餐廳的創辦人戴夫・湯馬斯。

以下摘自他自傳《戴夫之道》(*Dave's Way*)中的一段話，他描述初識肯德基創辦人哈蘭‧桑德斯（Colonel Harland Sanders）的經過：「他自我介紹，問我認不認識他。他的故事其實我早就耳熟能詳，只是假裝不知道他是誰。我們坐下喝咖啡，他像一個老友和我談天說地，我從沒遇過比他厲害的銷售員。他離開後，**我有股預感，這男人將會改變我的人生。**」

這種「感覺」是如何萌生的？

戴夫繼續描述：「託肯德基的福，1950年代末我才能在哈比牧場屋餐廳（Hobby Ranch House）認識肯尼‧金（Kenny King），當時他和幾名員工來韋恩堡（Fort Wayne）查看肯德基的發展，後來肯尼成為我事業成功的楷模。」

戴夫又說：「溫蒂漢堡開幕前，並沒有動用厲害的市場調查，但是我的鼻子很敏銳，可以嗅到餐飲業的趨勢動向。」一個人是怎麼「嗅到趨勢」，也就是他們似乎有掌握未來發展趨勢的情報？戴夫單純寫道：「1969年，我內心深處就是有所感應，實在很難把這種感受化為話語。」有時我們就是這樣接收到情報、點子、求助方案的答覆。

我們來看一下事情是怎麼發展的。戴夫遇見桑德斯，預感這場會面將改變他的人生。桑德斯帶他認識他的楷模肯尼‧金，而在戴夫日後的成功中，肯尼的角色非常重要。戴夫把事業成功歸於「內心感應」的情報。這裡你一樣可以看見相同模式，那就是內在執行長會幫你過濾人才、點子、資源、技術、策略！

桑德斯也是明確獲得內在執行長的協助，成功創辦肯德

基。桑德斯年紀輕輕便深受烹飪吸引,本身喜歡料理做菜,常常實驗各式食譜,尤其是雞肉食譜。你覺得他為何深深喜愛料理雞肉?後來他有個朋友介紹他壓力鍋,鼓勵他用壓力鍋繼續試驗雞肉食譜,桑德斯因而獲得重大突破。壓力鍋烹調成為他「神奇食譜」的關鍵要素,讓他成功開創肯德基餐廳。

已逝的億萬富翁保羅・蓋蒂在著作《如何致富》中,講到他早年從事石油產業時,大型石油公司處心積慮,想要把他踢出業界的故事:

當時的情況只差沒有演變成財務災難。我決定正面迎擊大型石油公司的龍頭:殼牌(Shell Oil)。無巧不巧,當時殼牌公司的總裁喬治・雷—瓊恩斯爵士(Sir George Legh-Jones)人正好在洛杉磯。狗急跳牆之下,我決定直接瞄準高層人員,硬著頭皮約他見面,結果也收到他願意和我見面的回應。喬治爵士為人非常溫暖友善,他認真聽我說完我想說的話。他聽我說話時的眉頭深鎖,完全證實了他的公司並沒有參與杯葛我的行列,他也打從心底不認同這種殘酷嚴苛的做法。我話一說完,他露出微笑,向我擔保:「放心吧,」他掛著大大的笑容,說:「我們會幫你的。」

結果殼牌果真兩肋插刀,在蓋蒂邁向身價億萬的石油泰斗路上,大力推了他一把。

你覺得他腦中怎會冒出和喬治爵士見面的想法?喬治爵士

為何會答應和他見面？從第11元素的角度來看,「無巧不巧」究竟是什麼意思？要是影響力如此強大,就代表是你的內在執行長花時間與心血規劃,幫你實現成果！這就是蓋蒂的內在執行長發揮力量的真實案例,它利用無形網絡推動落實計畫,幫他完成使命。

桑德拉・溫特勞布(Sandra Weintraub)在創作《隱藏的智慧》(The Hidden Intelligence)時,說:「許多仰賴直覺的主管下決策時,可能採取類似康拉德・希爾頓(Conrad Hilton)的做法。希爾頓在職業生涯路上獲得不少直覺式見解:『我知道當我碰到問題,思考、釐清、規劃等方法都試過了,就要換個方式,聆聽寧靜的內在聲音,直到我聽見喀嚓一聲,找到正解的那一刻。』要是這招對飯店大亨有用,對你怎會沒用？」

溫特勞布又繼續說:「在銳跑麻州總部擔任全球行銷副總經理的派翠西亞・漢布里克(Patricia Hambrick)認為,她的使命是:以全球銷售為目標推動品牌形象,漢布里克在銳跑首席執行長保羅・菲爾曼(Paul Fireman)的麾下工作,而他大力鼓勵員工善用個人直覺,無論是發想全新產品、行銷策略,或是內部系統都是。漢布里克形容菲爾曼是一個偉大的直覺式思考家,『他對於公司營運的直覺非凡,激勵獎勵不循規蹈矩的思維,也會鼓勵你相信自我。事實上,他買下英國公司銳跑的決定,也幾乎全憑直覺。』

溫特勞布還分享了一個研究案例:「遠大理想是激勵緬因湯姆(Tom's of Maine)的總裁湯姆・查佩爾(Tom Chappell)

的動力。湯姆的強烈直覺告訴他，天然牙膏會大賣，同為公司老闆的湯姆妻子凱特・查佩爾（Kate Chappell）似乎也下意識知道，哪一種口味的牙膏會在消費者之間大受歡迎。不久前她想到一款茴香口味的牙膏，於是委託市場研究進行調查，市調資料結果顯示這個口味不會大賣，但她還是不顧調查結果，毅然決然製造茴香牙膏，結果大賣。」

你覺得湯姆是怎麼感覺到天然牙膏會大受歡迎？凱特又是怎麼知道哪種口味的牙膏會大賣？

內在執行長能透過不同管道傳遞情報和訊息，促進事業成就的其他案例，包括索尼（Sony）蔚為風潮的隨身聽（井深大的「內心直覺」告訴他，這個小小的隨身錄音帶播放器，將能填補消費者尚未察覺的市場空缺）。菲爾斯餅乾（Mrs. Fields' Cookies）的黛比・菲爾斯（Debbie Fields）內心萌生一股強烈直覺，最後不管顧問意見和市場研究調查的結果，開了個人第一家餅乾店。百捷租車（Budget Rent-A-Car）特許經銷商的老闆比爾和艾爾希・瑟克瑞斯特（Bill and Elsie Sechrist）也是做了一場夢，在內在執行長的寶貴洞察和指導下展開事業。艾利斯・哈維（Elias Howe）做惡夢，夢到食人魔高舉滿滿孔洞的矛頭，因而發想出裁縫機，人生大突破。

亞瑟・傅萊（Arthur Fry）在明尼蘇達州聖保羅（St. Paul, Minnesota）參加合唱團，讚美詩集上標記他演唱位置的紙片不斷掉落，讓他非常氣惱。於是某個週日，他想到一名3M同事發明的黏著劑。和大多黏著劑不同的是，這種黏著劑隨貼隨撕，

傅萊因而發明出Post-it便條紙，日後更躍升世界5大最暢銷辦公室產品之一。「『究竟是布道太沉悶，還是上帝賜予我靈感，我也說不準，』他打趣地說。」傅萊會想到這款黏著劑，以及製作便條紙的靈感，全是內在執行長在背後操刀的案例！

哥哥在二次世界大戰中身亡後，迪克・克拉克（Dick Clark）長期深陷憂鬱，為了釋放內心傷痛開始聽收音機，沒多久就夢想能主持自己的廣播節目，這個念頭讓他展開《美國音樂臺》（American Bandstand），此後為克拉克飛黃騰達的事業生涯揭開序幕。這個案例中，很明顯是克拉克內在執行長的影響力作祟，讓他萌生這個夢想。

拿破崙・希爾（Napoleon Hill）最為人所知的，就是他長年熱銷的《思考致富》（Think and Grow Rich）。這本著作緣起於希爾20歲初，當時他正在就讀大學，半工半讀兼職記者，接下當時的世界首富安德魯・卡內基（Andrew Carnegie）的專訪工作。訪談過程中，卡內基發現希爾具備某種潛質，激起他的興趣，後來卡內基與希爾分享他多年來開發的成功公式，甚至邀請希爾幫他統整公式，讓普羅大眾都能學習應用他的知識。卡內基為希爾打開多扇大門，經過多年經驗累積，最後寫出暢銷書，打造成功事業及財富。他們的相會純屬意外嗎？還是另有用意？卡內基是怎麼「看出」希爾深具潛質，推他走上成功之路？為何他看得出來？

美國作家納撒尼爾・霍桑（Nathaniel Hawthorn）某天回家告訴太太，他剛被炒魷魚。「很好，」她說：「現在你可以專心

第6章 光速衝刺　141

寫書了。」霍桑問她：「那我們這段期間要靠什麼過活？」他太太打開裝滿現金的抽屜。「我一直都知道你有天分，」她說：「所以我每週都存一點錢，目前存到的錢夠我們撐一年。」霍桑利用這段時間，創作出美國文學史的巨作之一《紅字》(The Scarlet Letter)。這真是純屬意外嗎？還是在霍桑人生目標的引導下，內在執行長操作掌控的結局？

多年前有一本叫作《第一份禮物》(The Christmas Box) 的暢銷書，作者理查·保羅·伊凡斯 (Richard Paul Evans) 自費出版這本書，結果成功熱賣。西蒙與舒斯特出版社 (Simon & Schuster) 奉上幾百萬美元買下故事版權，發行該書的精裝本和有聲書。伊凡斯說他在6週內創作出87頁的基督徒故事，聲稱故事的靈感是某天凌晨4點鐘，他坐在廚房餐桌前，「神聖旨意突然猶如一道閃電打雷降臨」。

他描寫：「這真的是神蹟，因為故事自己開始寫了起來，靈感就像一陣陣激流湧入我的腦海，在半夜驚醒我。有次我特地開下高速公路，只為寫下某章的一部分，在車上隨手捉起信封、帳單等碎紙片，翻過背面創作。」現在你不得不問，「閃電打雷」和「靈感」是從哪來的？會不會是內在執行長發出當頭棒喝般、一看就懂的信號，幫助他實現人生目標、湊足使命的拼圖？

詹姆士·雷德非 (James Redfield) 在1997年創作出暢銷巨作《聖境預言書》(The Celestine Prophecy)，雷德非深信他在創作和宣傳的過程中，有「神聖力量介入」，他如此描述小說創作

和宣傳的過程:「我很不想說我是天選之人,」雷德非說:「但背後肯定有神聖力量推動我。」

J. K. 羅琳的《哈利波特》系列套書和電影,又是另一個第 11 元素發揮效力的好例子。馬克‧夏畢洛(Marc Shapiro)在《我就是如此創造了哈利波特》(*J. K. Rowling: The Wizard Behind Harry Potter*)中娓娓道來,羅琳當時是怎麼激發出這套小說的創作靈感:「某天一如既往,她結束毫無成就感的工作,搭車回倫敦。行駛到一半火車戛然而止,廣播宣布列車機械零件出了問題,可能會誤點 4 個鐘頭……但羅琳已經精疲力竭,根本沒有餘力看書或寫東西,於是她盯著眼前正在吃草的一群乳牛,她有所不知,自己的人生即將改變。」

在《學校圖書館學報》(*School Library Journal*)的一段對話中,羅琳分享以下這段話:「我當時坐在列車上,腦袋放空,盯著窗外的乳牛,雖然說不上是激發靈感的畫面,可是剎那間哈利的構想躍入我的心靈之眼,我無法告訴你為什麼,也無法說明是什麼觸發我的靈感,卻非常清楚看見哈利和魔法學校的構想,腦中瞬間浮現一個故事的基礎架構,一個不知曉自己真實身分的男孩。」

你覺得羅琳的靈感來源是什麼?《哈利波特》的構想是怎麼躍入她的「心靈之眼」?為什麼?答案可能就藏在她的內在執行長、人生目標、使命中。這個例子又再次示範,控制室的內在執行長都是如何發送情報和指導。

一旦你開始關注成功人士,注意他們是怎麼累積財富、打

造成功職業生涯,即使與錢無關,你也會反覆看見類似模式。

羅琳寫完《哈利波特》第1集後,把手稿寄給兩個英格蘭的經紀人,其中一人婉拒她,另一間經紀公司不出版童書,於是百羅妮‧伊凡斯(Byrony Evens)是從垃圾桶中,取出這份藏在黑色文件夾內的提案。諷刺的是,經紀公司老闆克里斯多福‧里特(Christopher Little)不認為童書賺得了錢,不過那天稍晚,伊凡斯卻注意到垃圾桶內有個不尋常的黑色文件夾,取出來閱讀後,深深愛上這部小說,開始進入出版程序。

看到這類發展時,你或許會想問:為什麼百羅妮‧伊凡斯要去看垃圾桶?為何這個文件夾會吸引她的注意?這種事是怎麼發生的?還不是因為羅琳的內在執行長早就在控制室規劃安排了《哈利波特》小說的出版,而這時已進入實現階段,所有人的內在執行長,包括百羅妮在內,都想方設法督促這本書的出版。

如果你有興趣閱讀更多羅琳的故事發展,可以閱讀她的傳記。她的故事真的非常不可思議,從第11元素的角度來看更尤其如此。

星巴克是我最喜歡的成功故事之一,因為星巴克的成功推手非常有意思,也完美詮釋了第11元素的運作。

在《沖泡咖啡心:星巴克「一次一杯」的事業》(*Pour Your Heart Into It: How Starbucks Built a Company One Cup at a Time*)中,曾任星巴克首席執行長的霍華‧舒茲(Howard Schultz)寫道:「1981年,我還在漢馬普拉斯(Hammerplast)咖啡壺製

造公司工作時，留意到一個特殊現象。有家西雅圖的小零售店很不尋常，大量訂購某種瑞典式滴漏式咖啡壺。這種咖啡壺設備很簡單，只有一個配在保溫壺上的塑膠錐形咖啡壺。於是我著手進行調查。當時星巴克咖啡茶香料公司（Starbucks Coffee Tea and Spice）只有4間小店，但他們採購的咖啡壺數量卻超越梅西百貨。其他美國城鎮每天製作咖啡，採用的都是濾煮式咖啡壺或濾滴式咖啡機，為何西雅圖獨鍾愛這種咖啡壺？」他是怎麼注意到這種「特殊現象」的？

舒茲飛去參觀星巴克的小規模連鎖咖啡廳，了解他們正在做的事，以及他們為何採購這麼多咖啡壺，最後在回程的飛機上記錄：「我這個人很相信命運，意第緒語中，『命運』就是bashert。在那個瞬間，身在3萬5000英尺高空的我深深感受到星巴克的引力。我感覺到一股神奇魔法，一種我在事業上從未體會的熱血與真實。也許，我是說也許，我可以參與這種神奇魔法，也許我可以幫他們成長茁壯。」他感受到的這股「引力」究竟是從哪裡來的？

自那天起，舒茲就試著為星巴克效力，參與他發現的神奇魔法，但星巴克拒絕了他，他們認為他只是一間大公司的代表，而大公司的勢力會破壞他們的魔法。可是舒茲堅持不懈，完美示範了只要符合人生目標，堅持不懈就能帶來好處。

等到舒茲開始為星巴克效力，想方設法拓展該公司的事業版圖後，他發現星巴克的構想源自於義大利咖啡館，於是他飛往義大利，親身體驗當地咖啡館的魅力。義大利咖啡館的一切

令他心馳神往，他寫道：「我觀察著這一切時，瞬間恍然大悟，星巴克居然錯過一個重點，而且是完全擦身而過。我心想這就是關鍵，深深感受到這個頓悟的強大。咖啡愛好者的聯繫，不必只是在家中研磨咖啡和沖泡全豆咖啡。我們要做的就是親手解鎖咖啡館中，咖啡的浪漫情調和神祕感。義大利人很清楚咖啡與人的聯繫，他們懂得咖啡的社交面。我真不敢相信星巴克身處咖啡業，竟會忽略如此核心的要素。這就像是頓悟，乍然襲上我心頭，令我全身不住顫抖。」

頓悟「乍然襲上心頭」，令他「全身顫抖」，聽起來像是當頭棒喝般、一看就懂的信號嗎？不可能比這更明顯了吧！這個案例也一樣，請仔細觀察成功故事背後的模式。

接下來的另一個例子，完美說明了保持開放心態，願意接受來自四面八方的突破，你就可能獲得好處。查理斯・固特異（Charles Goodyear）埋頭苦幹多年，想要發掘橡膠的商業用途，不斷嘗試卻頻頻碰壁。然而有天，固特異不小心在熱騰騰的瓦斯爐上，打翻了橡膠和硫磺調和的液體，液體遇上熱化學反應後，產生製作橡膠輪胎的橡膠硫化。那一瞬間，一個新興產業誕生，今後永遠改寫所有人的生活。

固特異的突破來自一場「錯誤」，你覺得他的內在執行長是否可能就是「手滑」的幕後推手？別忘了，當內在執行長實踐回覆求助方案，或是自己默默在幕後耕耘，任何時候都可能前來助攻，方式也可能百百種。

琳恩・羅賓森（Lynn Robinson）是一名作家、諮詢師、直

覺輔導師，她以個人洞察與見解，協助企業家建立公司。以下故事說明琳恩的靈性解讀事業是怎麼展開的：

我本來在一間小軟體公司擔任營運經理，我很討厭這份工作，夢想著開一間屬於自己的公司。我上過靈媒技能發展課程，也發現自己在這塊領域頗有天賦，然而我最大的顧慮是不知道如何展開靈性解讀事業。我打趣地說，要是上帝在《波士頓環球報》(Boston Sunday Globe) 登求職廣告，說祂要徵求一名通靈師，我就一定應徵，除此之外我毫無頭緒。

我決定練習我剛學到的意識工具，像是肯定句、視覺想像、尋求宇宙指引協助。就這麼嘗試了大概一個月，有位長期臥病的朋友過世，我走進他的告別式場地當下，內心有股強烈直覺，要我坐在一個素昧平生的女人旁邊。那個片刻，我稍微質疑自己選坐那裡的理由，畢竟室內還有幾個我認識的人，我也寧可坐在他們旁邊，尋求情感支持。告別式結束後，我和這名女子聊起天來，她問我從事哪一行。不知道你是否曾經心口不一？雖然當時我明明是營運經理，卻衝口說出：「我是靈媒。」當下我心頭一驚，訝異自己怎會說出這種答案，對方會怎麼想？我確實曾幫幾個朋友和他們介紹的朋友解讀，卻從沒說自己是靈媒，話一出口我立刻慌了手腳。

但令我吃驚的是，她的反應很開放正面，也接受了我的答案，然後說她是《波士頓環球報》的作家，想要嘗試靈性解讀，並且在她的個人專欄中描寫這段經驗。長話短說，後來她寫了

這篇文章,緊接而來那幾個月,共有大約400人打電話要和我預約。從我的觀點出發,這個故事給我的啟示是:宇宙能在一夕之間就幫我預備好靈性解讀的全職事業,但要是我按照理性邏輯的方法,絕對不可能走上這種職業生涯。

琳恩的成功關鍵是什麼?第一,直覺要她下意識坐在某人旁邊,而她也跟著直覺走。請注意,要是她當初忽略這種感受,最後選坐在其他地方,她的內在執行長就得另尋他法,讓她們認識才能幫琳恩。接著她又一時衝動,衝口說自己是靈媒,如果她單純回答「營運經理」,她的內在執行長就得執行B計畫,想辦法幫她和記者牽線,或改用其他方法,幫她建立靈性解讀事業,這說明了為何你必須開放心態,隨時眼觀四面、耳聽八方!

看見第11元素的效應,你是否很興奮期待?如果你和我一樣,大概會感覺你幾乎像是戴上特殊的X光眼鏡,看見別人看不到的東西。

作者詹姆斯・瓦勒斯和吉姆・艾瑞克森在《硬碟:比爾蓋茲及微軟帝國的誕生》中,講述微軟共同創辦人比爾・蓋茲和保羅・艾倫的故事:「他們長久以來擁有共同願景,那就是未來家家戶戶都會有電腦,像電視一樣普及,而電腦會需要軟體,而且不是別人的軟體,是他們的軟體。」這兩人的共同願景不只是未來會有電腦,不只是家家戶戶都會有電腦,不只是電腦會需要軟體,而是**他們**會為這些電腦創造出軟體!如果你仔細

觀察諸多成功故事，就會發現願景就是起點。擁有願景的人不一定曉得願景從何而來，但他們都是先有願景，而且願景緊抓著他們不放。

瓦勒斯和艾瑞克森也寫道：「比爾・蓋茲初次發現屬於自己的奇蹟（也就是電腦）時，為何會有這種反應，無庸置疑，就連他自己都無法解釋，但卻在他內心點燃熊熊熱血與執迷。對他而言，從踏進湖邊高中（Lakeside High School）小電腦教室的第一天起，電腦就有著難以抗拒的吸引力。」你覺得這種熱情、執迷、吸引力是哪裡來的？你覺得是誰讓蓋茲持續保持對電腦的熱情，讓他持續走向這條路，理由又是什麼？從你踏進第11元素的世界，深刻體驗該系統的那一刻起，這些都是值得思考又有趣的事。

微軟早期最大的關鍵轉捩點，就是和IBM簽訂合約，幫IBM當時準備推出的個人電腦製作作業系統。這是祕密進行的專案計畫，蓋茲參加IBM會議時，他們問他能否製作某作業系統，蓋茲並沒有這種作業系統，卻大膽地回答他有，而且他能在短時間內交出一款毫無錯誤、準備就緒的作業系統，於是IBM便與微軟簽約。

後來這套蓋茲承諾要交給IBM的作業系統，早就由電腦程式設計師提姆・派特森（Tim Patterson）開發完成。派特森也住在西雅圖，距離蓋茲僅有20分鐘車程。蓋茲向派特森買下作業系統，其他的就如大家所說，已成為歷史的一頁。這裡最該提出的關鍵問題是：蓋茲怎麼有勇氣答應提供一套他根本沒有

的作業系統?他是怎麼找到提姆・派特森,進一步和他成功交涉,獲得他需要的東西?在這個案例中,你同樣看得見內在執行長和第11元素的影子。

羅伯特・清崎憑藉《富爸爸,窮爸爸》系列叢書名利雙收,要是你沒聽過這套書,我可以告訴你,這是一套非常厲害的叢書,提供跳脫傳統框架的理財致富法。

羅伯特・清崎自費出版第1冊《富爸爸,窮爸爸》,首刷卻賣不出去,堆在自家車庫生灰塵,他卻不願就此放棄。有天,有個開洗車廠的朋友建議清崎在他的洗車廠展示他的書。這位朋友認為客人在付帳或等待洗車時,可能看見這本展示書,然後想買下來。

清崎在洗車廠展示他的書,但只有幾個人掏錢購買。可是有天,一個直銷公司的大人物來洗車,好巧不巧拾起清崎的書,而且非常喜歡這本書,回去直銷公司後要所有人都去買這本書,自己還多買了幾本分送親友。光是一個人碰巧到洗車廠,就讓清崎的著作買氣大增,最後清崎上了歐普拉的電視節目,他的著作成為銷售數百萬冊的暢銷書。

這其中發生什麼事了?內在執行長默默幫清崎推銷著作,提升這本書的能見度,讓「對的人」發現這本書。正同我們先前探討的,這就是第11元素系統逐漸實踐的過程,經過精準審查、達成協議,也擬好並實踐行動計畫,成果最終實現。雖然表面看來是一位朋友建議清崎在洗車廠展示著作,讓他上了歐普拉秀,但這一切都是內在執行長所為!最後怎麼樣?《富爸

爸，窮爸爸》變成一套暢銷書，為他創造龐大財富，清崎的獨特天賦和策略讓全世界數千萬人受益良多。

身為戴爾創辦人的億萬富翁麥可‧戴爾在他的著作《Dell的祕密》(*Direct from Dell*) 中寫道：「1982年6月，全國電腦會議 (National Computer Conference) 在休士頓的太空巨蛋體育場 (Astrodome) 舉行。我運氣不錯，當時剛考取駕照4個月。」真的只是他運氣不錯？我想第11元素課程進行至此，你已經很清楚答案，但對他個人願景的發展和推動他成功的驅動力來說，參加展覽絕對是關鍵時刻。

戴爾繼續在書中描述：「我不敢說18歲那年的我，真的明白這是什麼天大的好機會……但我倒是清楚一件事，那就是我的目標就是製作比IBM優秀的電腦，以直銷模式為顧客提供服務和高價值，成為業界首屈一指的指標。除了我的父母，我從沒向任何人公開我的野心，畢竟別人可能只覺得我瘋了。但是對我而言，這個機會再明顯不過。」我們從這個例子再次看見願景，以及一連串偶然事件，像是他剛考到駕照4個月，展覽就空降他居住的城市，而這一切當然全是戴爾的內在執行長一手策劃，只為幫他實現人生目標，完成使命。

戴爾也寫道：「我心知肚明，我碰到的可是千載難逢的商業機會，絕對不能錯放。」接著又補充：「而且我覺得這是放手去做的大好時機……結果證實，這對PC有限公司 (PCs Limited，戴爾公司的舊名) 來說，真的是史上最好時機。」你覺得他的「心知肚明」和「感覺」是從哪裡來的？怎麼可能有這

麼完美的契機？

我朋友鮑伯・史特林（Bob Sterling）分享了另一個完美詮釋第11元素力量的故事：

對我來說，這是一個價值幾百萬美元生意的例子。近10年前，我參加加州大學洛杉磯分校（UCLA）的校友活動，遇到一名教授。對話過程中，我發現他研發出一種獨特的測試科技，主要用於初等教育，在企業界也有極高價值，於是問他是否有意願讓我把這項科技銷售給大公司，他一口答應。但後來我們卻發現，實際運用在商業場合，遇到的技術性限制太多，於是我把這個想法收在腦中，強烈直覺告訴我，總有一天會派上用場。9年後，一個知道我是產品研發師的朋友來找我，問有沒有什麼可在網路進行、年入數百萬銷售收益的商業點子。我回覆晚點會再聯絡他。那晚凌晨3點鐘，我靈感乍現，從睡夢中驚醒，我發現利用網路的力量就能修改教授研發的科技，移除舊版主要的問題障礙。和教授確認了沒問題之後，我們3人同意攜手合作，將這項科技賣給大型企業。短短17個月，我們製作軟體、和不少績優股客戶簽約，最後以625萬美元出售公司。直覺又帶給我超乎想像的結果。

在我們繼續說下去之前，我還要和你分享另一個朋友比爾・哈里斯（Bill Harris）的故事。比爾是奧勒岡州中心點研究機構的老闆，該公司銷售一組非常強效的冥想課程，我詢問比

爾，是否有用第11元素力量打造成功事業的例子，他回覆：

　　我的成功路上，有一件令我覺得不可思議的事，那就是不管是哪種問題，只要我想知道，就一定能找到答案，總之，不斷提問就對了。正因為如此，我發現我不用事先知道應該怎麼跑到終點線，一樣能成功展開及完成任何工作或案子。我只需要提出「我該怎樣才能讓更多人購買我的產品？要怎麼樣募款？或是我要怎麼吸引更多訪客參觀網站、購買我的產品？」諸如此類的問題。就我所知，問題要是越刁鑽嚇人，挑戰就越有意思。我發現只要我專注問題本身，就絕對能找到解答。無論是閃過腦海的念頭，抑或在書店時一本書從書架墜落，或是遇到某個正好知道答案的人，再不然就是在茫茫人海中，不小心偷聽到某個知道的人說出答案，再不然就是以其他方式回覆我，而且通常都是我絕對始料未及的方式。我需要知道的答案總會無預警冒出，事情就是這麼神奇。後來我變得很仰賴這個現象，也不再擔心該如何找到解答。無論問題多艱難，我知道只要專心致力於問題本身，答案就會浮現。要是你發出呼救，不斷提出問題，某股未知力量就一定會為你解答。運用這個方法，我的年銷售額從1990年的1萬2000美元，成長至2001年的460萬美元以上。我的目標是每年銷售額達到3500萬美元，而我從不懷疑目標是否能夠實現。

　　你看見比爾是怎麼把求助方案送到內在執行長桌上，同時

不忘保持警覺，在他派來協助時成功接收訊息？

我在這章和你分享了很多故事，但這只是冰山一角。隨便走進一間圖書館或書店，拿起一本投資理財書，無論是關於企業家、運動員、演員，還是媒體人，都能看見類似模式，發現同樣的第11元素原則在默默發威。你可以隨手拾起成功人士的書，從中看見相同模式，同樣默默發威的第11元素，即使這些人的成功不是來自財富，而是為他人提供深具意義價值的資訊指導，像是傑出家長、傑出教師、傑出治療師等人。

瑪蘿·湯馬斯（Marlo Thomas）在著作《一句話，點醒人生》（*The Right Words at the Right Time*）中，講述許多成功人士的故事，故事主人翁都是各行各業的佼佼者，他們在書中分享個人心目中的成功關鍵，也就是某人在某個時間點突然對他們說的某句話，對他們追求的目標如何造成巨大效應。從第11元素的角度來看，這本書格外有趣，因為你會看見內在執行長使用各種方式，把人才、點子、資源、技術、策略當做成功原料，發揮它的影響力。

一旦開始應用第11元素系統，你就得時時刻刻留意信號降臨的時刻，與內在執行長耐心協同合作，決定你的暗號系統和當頭棒喝信號，當做助燃成功的火種。

簡單來說，當你的求助方案獲得批准，事件就會一一啟動，這時你得保持警覺，眼觀四面、耳聽八方，隨時注意線索、信號、指引、機會，即使不合乎邏輯常理，或是與專家和顧問的說法完全相反，也不要忘記保持開放心態。

CHAPTER

7

留意躲過雷達偵測的資訊

一個人走錯路,需要的不是你驅策他加速前進,而是學習回頭。
——商業哲學家吉姆・羅恩(Jim Rohn)

和顧客、員工、供應商及其他事業合作對象見面、電話溝通、銷售書信來往、廣告聯絡、寫電子郵件或運用其他媒介時，溝通傳達的訊息事實上分成兩種：

- 表面訊息（人人都看得到、聽得見）。
- 存在於無形網絡的主自傳檔案。

回想我們在第1章講到，關於你和個人活動的最新資訊，全部以**主自傳檔案**的標籤，儲存在無形網絡搜尋引擎。主自傳檔案非常全面完整，如果你內心恐懼，恐懼情緒會記錄在主自傳檔案中。如果你非常擅長某事，該資訊也會記在你的主自傳檔案中。如果你有弱點，也會記錄在主自傳檔案，你的願望、夢想、渴望、需求全都存在主自傳檔案中。任何時刻你在腦中思考的每件事、每個感受都會傳送至主自傳檔案，為了事業和財富成就努力的行動細節也全存在那裡。

完全沒有漏網之魚，全無隱瞞，沒有祕密，未經粉飾。從內在執行長發揮威力的深層空間，以及無形網絡運作的層次來看，我們都像是一本本攤開的書，情報資訊全都存進你的主自傳檔案，無時無刻、全年無休，即時更新修改，自你出生那一刻起，這個過程就持續不斷，直到你離開人世的那天。

雖然你可能在許多領域都得下功夫，只要表面資訊和主自傳檔案的資訊相符，你的事業就具備成功蓬勃的原始潛能。但要是表面資訊講的是一回事，主自傳檔案又是另一回事，結果

不相符就可能形成嚴重問題：銷售損失、顧客滿意出問題、員工士氣和留任意願不彰、退費問題、效率降低、事業全盤失敗等。雖說不相符不一定造成礙手礙腳的負面影響，但由於無法完全排除可能性，所以還是要謹慎應對，調整表面和無形網絡主自傳檔案的資訊，讓兩者盡可能相符（請見圖7.1）。

再者，如果主自傳檔案記錄大量關於你或你事業發展的正面情報，就是一種助力，在你的事業路上推波助瀾。反過來，如果主自傳檔案中有許多關於你或追求事業的負面情報，好比

圖7.1　只要主自傳檔案和表面溝通內容相符，你的威力就能瞬間倍增。

資訊不相符的情況，就可能招致嚴重危害。

　　雷達是軍事和航空交通管制員的工具，目的是偵測追蹤飛機和其他飛行物體的行動，也是預告潛在危險的警示系統。雖然雷達是非常有效的工具，行蹤卻可能躲過雷達，人們也可以運用隱形技術偵測，進而造成危害。碰到這種情況，就需要其他科技偵測和終止這類活動。

　　同樣地，追求事業成就和財富時，你會運用自己的雷達，偵測追蹤可能阻礙進度或造成危害的活動，但是儲存於主自傳檔案的情報，卻可能輕而易舉低空飛過雷達，以致無法偵測，你的努力也付之一炬。由於主自傳檔案只看字面意思（無形網絡都是這樣），所以你必須持續管理檔案，同時運用其他所需技術進行偵測阻擋。

　　還記得我在第1章講過的嗎？與某人初次見面你可能立刻產生好感，覺得可以信任他們，相處起來舒適自在。你也可能不喜歡對方，隱隱約約就是不相信他，或感覺相處起來不自在。這種情況下，就等於你是依據你和對方是什麼樣的人、彼此的理想目標，對方的言行舉止，以及他的主自傳檔案，決定彼此是否相配。這裡有一個重點，那就是當你內心出現這種感受，要認清一件事，那就是出現這種感受時，實際上你已經利用主自傳檔案，也許是自己取得情報，也可能是內在執行長給予的情報，而這種內容具有影響力，類似過程會影響世界各地消費者的購買模式。

　　管理主自傳檔案的內容時，你必須**經常**做以下3件事：

1. 趁不相符的情況造成影響前解決問題。
2. 主動出擊,在主自傳檔案中增添正面的有利紀錄。
3. 揪出目前造成負面影響的紀錄或不相符內容,改寫或消除內容。

趁不相符的情況造成影響前解決問題

日常生活中,要是主自傳檔案儲存的內容與表面不相符,可能會造成問題,而且是不小的問題。

例如:假設你需要買一張新床墊,你在當地報紙看見一篇廣告,廣告劈頭就說:「歡迎蒞臨店面購買新床墊!我們的床墊獲得指壓按摩師和醫師認可,能夠給予背部最棒的支撐。我們提供市面上條件最優、期限最長的保固期,整體來看絕對是最物超所值的選擇。免費送到府,免費組裝。」然而要是廣告最末的補充說明中,寫道:「不過上週我們倉庫屋頂漏水,導致現有床墊庫存潮濕,雖然目前床墊已經乾燥,品質卻大不如前。」讀到這樣的補充文字,你恐怕會改變心意,畢竟這句話的效果太強烈,直接削弱你前面讀到的所有優點。

這個例子聽來或許很笨或不實際,但是在商業活動上,類似的不相符事件天天發生,可能是銷售員說的話,可能是公司廣告詞、銷售信函、手冊、傳單、網站、當面交流、電話溝通等。

這篇廣告的補充文字就像主自傳檔案紀錄,正因很多人感到前後不一致,於是決定不買或晚點再決定,而且他們通常是

不自覺的,或是不確定原因。

直到不久前,你可能以為真正影響並造成結果的,只有表面傳達、人人看得見聽得到的訊息,但現在你知道主自傳檔案的存在,而且可能出現不相符的情況,對你的努力恐怕造成負面或礙手礙腳的嚴重影響,於是必須非常小心,不要出現不相符的狀況(尤其是銷售和行銷方面,很難抗拒誘惑,忍住不過度炒作或誇大不實,一個不當心就加油添醋)。要是不小心發生不相符的情況,就得迅速解決,免得後患無窮。

雖然聽起來很像廢話,但想要打從一開始就預防不相符情況發生,上上策就是時時保持坦率誠實。最好按照以下簡單規則:每天依照個人的真實想法和感受生活,而與你互動的人會**有意識地**接收到你的主自傳檔案。每當有人讀我的銷售信、造訪我的網站、讀到我刊登的雜誌廣告、和我電話交談、參加研討會,或是與我本人或公司交流時,這個規則我都會派上用場。我從一開始就牢記這項規則,然後問自己:「要是其他人或對方早就知情,又出現不相符的情況,我該怎麼說、怎麼做,才能扭轉局面?」要是有不相符的情況,我會採取適當行動,解決這種出入,可能是靠自己,也可能需要內在執行長從旁協助。

和他人互動時,不管是面對面,或是透過其他銷售、行銷或公司溝通管道,要是你心口不一,抑或你知道自己說的話不是事實、不完全正確,或是你隱瞞可能形成強烈影響的情報,這時你應該及時制止自己,說:「好,現在可能出現不相符的情況,我該如何修正?」

你也許會納悶：「要真是這樣，為何還有這麼多不老實或缺德的人發財致富？為何不相符沒有阻擋他們的財路，或是帶給他們慘痛下場？」答案不是一句話就能解釋，某些情況下，不相符確實會阻擋他們財路，讓他們下場慘痛，最終失敗收場，商業頭條和新聞上天天都看得見類似案例。但其他情況下，有些人確實比他人敏感，而且也不是所有人都能意識到不相符的情況，但我們倒可以要求內在執行長幫忙培養敏銳度，意識到不相符。而在某些情況，即使或許聽起來難以置信，但受這些人的欺騙或誤導也經常是某些人的人生使命或目標的必經之路，我個人發生過很多次，也從經驗中學到課題，在我後來的人生路上幫助不少。通常，有些人透過不誠實或缺德摸索這類行為的後果，這是他們的人生目標和使命的一部分，他人則是在不知不覺之中輔助他們摸索學習。可能的解釋有很多，但除非你覺得你的任務就是自行摸索這種可能性和現實，否則還是盡可能保持謹慎、誠實、道德，帶著這種心態管理主自傳檔案，才是明智的做法。

主動出擊，在主自傳檔案中增添正面的有利紀錄

你每天都可以為主自傳檔案刻意添加一筆正面紀錄，方法就是對自我提出一系列所謂的**核心問題**，例如：

- 我的公司為何存在？
- 公司成立的原因是什麼？
- 公司能真正實現哪些需求或渴望？
- 什麼樣的核心信念和理想驅策我努力？
- 透過公司，我試著為自己和他人做到什麼？原因是？
- 我該如何為潛在顧客、客人、供應商或合夥人提供更好的服務？
- 該怎麼做才能更上一層樓？

你一定要很清楚以上的核心問題。

如果你不確定**究竟**為何從事目前的事業，或是你打算怎麼進行，又或是對於努力追求事業和財富，自己想要的是什麼你不是那麼清楚，那你的主自傳檔案紀錄也許不會像競爭對象那麼吸引人，你的銷售額、獲利、進度也會受到打擊。

舉個例子，假設你為了解決問題，已經決定購買某產品，只是在兩間公司之間來回猶豫應該買誰的產品。假設價格和基本產品包裝大同小異，而你和其中一名業主交談，他的主自傳檔案內容如下：「我們的產品非常優質，你絕對能從中得到X、Y、Z好處，但是你大概也知道？在真實世界裡，任何產品都有可能出錯，東西會壞掉，你可能不小心灑了熱咖啡，可能出問題。但是我想要你知道，如果真的出了問題，你可以直接打我家電話，或是寫電子郵件、用傳呼機聯絡我，365天全天候都可以和我聯絡。我會幫你處理問題，因為我對這項產品充滿

信心,也真心想幫助我的客人。我從事這個產業23年,純粹因為熱愛,我想要確實解決你向我們提出協助的問題,這就是我,也是我的職責。」

現在再假設不同情境,要是另一名業主的主自傳檔案內容如下:「這個產品很好,該有的功效都有,我希望你購買,因為我急需收入,我這個月還沒繳房租、水電瓦斯費、影印機租金。」

第2個業主遲交帳單沒什麼大不了,我自己也有過類似經驗,問題是:這種主自傳檔案內容是否會造成影響?當然。如果你認真去讀這兩位業主的主自傳檔案,請問你會想買哪一個?要是你和大多我接觸過人一樣,就會選第1個,因為第1份主自傳檔案的內容比較吸引人。你的主自傳檔案也必須一樣,下一章會再深入探討,雖然難免有特例,但成功人士與公司往往都有說服力超強的主自傳檔案。

所以每天盡可能做好自己的工作,清楚你的個人動機、喜好、舒適圈,想方設法為潛在顧客和客人提出更好的服務,你就能在主自傳檔案中自動增添正面紀錄,向前跨出一大步。你也可以主動出擊,塑造改變你的主自傳檔案,請內在執行長幫你更改內容,逆轉成積極正面的主自傳紀錄。

揪出目前造成負面影響的紀錄
或不相符內容，改寫或消除內容

　　地雷沉默不語，狀似無害，事實上卻非常危險，不小心踩到就玩完了。同樣地，你可能引導太空船步步逼近選擇的目的地，眼前狀似安全無虞，緊接著卻聽見一聲悶響，發生大爆炸。你還來不及反應，太空船已經破了一個大洞。無論你是技術多麼高超的飛行員，你的任務有多重要，你有多麼完善的地圖或計畫，或是你的組員有多高明，只要踩到地雷，最後勢必釀成重大傷害。

　　負面的主自傳檔案紀錄或不相符情況（又稱「負面檔案」）很類似地雷，明明逐漸接近理想成果，也以為自己進度不錯，緊接著卻頓時聽見悶響，還來不及反應，負面檔案的「地雷」已經引爆，把你彈飛到偏離軌道的位置，大多情況下你甚至不知道這種檔案或不相符的情況存在，更別說它們是否活躍、具危險性。

　　關於負面檔案可能帶來的效果，包括你提供商品或服務的潛藏問題、員工士氣低迷、財務危機、公司使命方向不清楚或令人困惑、員工或顧客對你提出訴訟、廣告不實或行銷訊息有誤、違法商業行為等。

　　如果你知道地雷區中哪裡有雷，就能一一解除每顆地雷，最後暢行無阻、無憂無慮地飛越地雷。同樣地，因為負面檔案

的威力可能強大無比,深具破壞力,挖掘解除它們的技巧和策略就很重要。相關技巧和策略皆收錄在本書附錄B。

下一章我們會進一步探討主自傳檔案,以及應該如何主動出擊,奪得優勢。

CHAPTER

8

銷售員、行銷、口碑之外的眞正推動力

沒有一個人不重要。
　　　　　　——萬寶華創辦人亞倫・施特富

組成團隊揭開序幕；團結凝聚帶來進步；協力合作推動成功。　　——亨利・福特（Henry Ford）

致力推動銷售額和獲利時，大多公司業主都集中火力提升銷售員的績效、行銷手法、建立口碑。這些當然都是強大聰穎的策略，但我希望你逐漸明白，如果你希望以這一類的表面策略（先不論這些策略有多高效）獲得突破，就得留意主自傳檔案紀錄。我們會在本章中討論其他方法。

　　如果你想要建立成功事業、發財致富，就需要他人從旁助攻（員工、潛在客戶、顧客、供應商），而最終形成的團體動力，將會深刻影響你的主自傳檔案紀錄及最終結果（請見圖8.1）。

圖8.1　對你的主自傳檔案和成果來說，團體動力造成的威力強大又不可思議。

以下團體的主自傳檔案紀錄，造成的影響力最為強大：

- 員工、供應商、承包商，其他密切參與你公司事業的人（密切關係人）。
- 潛在客戶和顧客。

密切關係人

所有的密切關係人都有內在執行長，而人人都有來到這個世界要實現的獨特使命和人生目標，每個人都可能與內在執行長合作，請它們協助執行任務，進而影響你的事業，但前提是他們要夠有動力。另外，要是他們沒動力或不滿意，每個人也有可能局限自我（還有你的）潛能。

你的密切關係人選擇結合你和他們的使命與人生目標，或許是短期，也可能是長期（全看你們的合作多密切），然而以核心層面來看，他們仍有自己的計畫行程，當你想辦法驅策激勵、獎勵管理員工、思考如何對待他們時，都別忘了將這件事納入考量。

對於他們自己的工作或角色、你的公司、你的產品和服務、你的管理團隊、其他職員、你經營公司的方式、你或公司其他人是怎麼對待他們、你是怎麼對待潛在客戶和顧客、潛在客戶和顧客又是怎麼看待你公司等，密切關係人都有屬於自己的想法、感受、意見。而這些想法、感受、意見都在你公司的主自

傳檔案中添上一筆，不論是正面或負面，都可能對你的事業成就造成巨大影響，所以理解這一點就是關鍵。

以第11元素的觀點來看，一個成功的企業家能吸引或找到支持他們的密切關係人，輔助事業成長。他們能組織事業架構和策略，教導所有密切關係人，幫助身邊的人理解並配合公司的使命、目標、文化、主要價值和原則，因此密切關係人的角色不是削弱公司的主自傳檔案，而是讓公司變得更亮眼奪目。

一個成功的企業家也是激勵大師，懂得鼓勵密切關係人善用第11元素，加強工作效率和個人的職務績效品質。你可以向內在執行長提出求助方案，請它幫忙提升密切關係人的效率（確實是明智做法），但最有效的還是驅策你的密切關係人自己這麼做。如你所見，我們是可能無意間使用第11元素，但要是在有意識的情況下，主動使用這套系統，成效甚至更高。因此和密切關係人分享這個素材，也可說是明智之舉。

當所有（或大多數）密切關係人為你的主自傳檔案添上多筆正面紀錄，加上他們與你理念一致、相信你的使命，也願意為了提升個人工作效率，積極主動與自己的內在執行長合作，這時你獲得的力量就很驚人。本章後面會有許多案例，說明密切關係人與你一致配合，可以帶來多少效益。

另外，還有一項值得考慮的要素。我祖父曾告訴我：「工作場合上，有發想點子的人，也有執行計畫的人，但能兼具且擅長這兩樣技能的人極為少數。要是一間公司想成功，這兩種技能就必須取得平衡，尤其是行政主管階層。」光是從表面來

看，或許你早已認同這句話很有道理，但現在我們要從第11元素的角度切入，探討這個道理。

就如我們先前所述，成功要素不外乎就是人才、點子、資源、技術、策略。如果公司內部構思與執行的人力很平均，你向內在執行長提出的求助方案，就會著重在你需要的條件。如果你的公司有太多構思人才，落實計畫的人手不足，那麼你提出的請求，就不太會向內在執行長索取技術、策略和其他執行利器。相反地，如果你的公司執行者太多，發想點子的人才不足，你提出的求助方案就幾乎與點子無關。就後面這兩種情況來說，結果都不會太好。

萬寶華公司就是一個好例子，清楚說明為何高層管理團隊達到平衡，對公司大有好處。我的祖父（也就是董事長）是一個滿腦子構想，也能落實計畫的人，艾爾默・溫特（Elmer Winter，也是總裁）是點子狂人，我父親（執行副總裁）則是負責執行任務。戴爾和星巴克也是很好的例子。仔細觀察長期成功的商業合作或管理團隊，你就會發現他們的**動力平衡**，動力不平衡往往是許多企業家的主要敗筆，不然很可能成功一陣子後，生意蓬勃發展時失敗。

所以說，你一定要觀察公司內部的架構，要是動力尚未達到平衡，就要提出求助方案。如果你是一人團隊就更重要，因為你很可能只有某項條件夠強，所以必須想辦法取得平衡。

潛在客戶和顧客

最能帶來大獲全勝的銷售及行銷策略，就屬顧客的口碑推薦，心滿意足的顧客在報章雜誌、廣播電臺或影片中大肆誇讚你的公司。不過要記得，你的潛在客戶和顧客都能在你的主自傳檔案中加入評論，如果你的主自傳檔案充滿客人對公司的正面推薦，造成的影響力或許很龐大。同理，如果你的主自傳檔案滿滿抱怨負評，公司最後當然會飽受衝擊（長短期都可能）。

我的姊姊絲納‧諾爾（Shaina Noll）創辦了一家非常成功的公司，銷售她個人的音樂專輯，或許你已經耳熟能詳她所發行的歌曲，包括《內在孩子之歌》(*Songs for the Inner Child*)、《旅程糧食》(*Bread for the Journey*)、《放輕鬆》(*You Can Relax Now*)，首首都是深層滋養心靈、提供精神支持的歌曲。她的公司非常成功，但她卻沒有銷售人員，也不曾在行銷廣告上花過一毛錢。她是怎麼辦到的？因為她音樂事業的主自傳檔案有滿滿的顧客好評，因而吸引許多內在執行長的關注，在無形網絡中口耳相傳，於是每天都有聽眾認識她的音樂。

《哈利波特》系列小說可稱得上是一部**現象級**作品，書本似乎有自己的生命，以暴風之姿席捲世界，幾千萬人愛上《哈利波特》，對全世界大力宣傳：「大家**務必**去讀這本書。」一開始銷售速度緩慢，後來實力大爆發，那麼引爆成功的要素是什麼？超級正面的主自傳檔案紀錄在無形網絡中急速暴增，興奮地要大家都快衝去買書。

其他書籍、電影、服飾、鞋子等產品及服務也有過類似現象，我敢說你身邊案例也看過不少。有兩本好書就是專門講這類現象的表面成因：麥爾坎・葛拉威爾（Malcolm Gladwell）的《引爆趨勢》（*The Tipping Point*）和艾曼紐・羅森（Emanuel Rosen）的《口碑行銷》（*Anatomy of Buzz*），這兩本書本身已經很精采，但要是你從剛培養的第11元素視角觀看，收穫甚至更多，可以讀到許多第11元素發揮效力的美妙例子。

和客戶合作時，我越是運用第11元素原則，就越深深相信，所有銷售與行銷所做的，其實不過是打開一條無形網絡的通道，由內在執行長率領人們走進去。

主自傳檔案推動商業成功的案例

現在我們來仔細觀察一件事，那就是密切關係人、潛在客戶和顧客添加的主自傳檔案紀錄，都是如何轉譯成真實可觸的結果。剛開始和藍海軟體合作時，最令我驚豔的是他們所謂的**原始素材**。我們的產品是客服軟體，在資訊科技業界非常搶手，更重要的是客人很喜歡我們，瘋狂大讚我們的產品（Track-It!）有多好用，他們有多麼喜歡和我們做生意。

你覺得是諸如此類的主自傳檔案紀錄促成我們的成功嗎？那還用說。除了為主自傳檔案加持的顧客好評，每位職員對公司使命熱血忠誠、致力奉獻，大幅提升了公司的效率和績效。我們的執行長更是努力不懈，專注推動每年銷售額翻倍（甚至

更高），增加5成以上獲利。這種全力以赴的精神深深鼓舞密切關係人，每天工作時更有幹勁，進而影響我們每一天執行的任務。以每位職員來計算，我們很自豪公司營收絲毫不輸大家心目中世界第一的軟體公司，甚至超越微軟。

我和藍海軟體合作的那5年間，我們一次又一次打破銷售和獲利紀錄，月獲利和季獲利持續不斷成長。可是在這段期間，我們也碰過兩次失足。而這兩次失敗的主因，都是主自傳檔案多出影響重大的新紀錄。第一次是某創投公司投資我們，一合體後，我們的主自傳檔案就多出該創投公司的聲音和行程。再者，因為該創投公司一部分算是我們公司的老闆，於是開始下指導棋，施加壓力，想要改變我們原本的做法。緊繃氣氛之下我們短暫失焦，也對我們的主自傳檔案造成負面影響。這兩大要素致使我們暫時損失慘重，不過我們很快就從失敗中爬起來，強勢回歸。

第二次失足發生的理由也很類似。軟體龍頭「直覺」收購我們之後，身為該公司的新老闆，他們開始施壓，改變許多藍海原本的做法，導致主自傳檔案紀錄改變很多，更嚴重失焦。對某些人來說，他們甚至失去工作的動力和興奮期待。直覺本身已有主自傳檔案，和藍海合併後帶來了更多改變。此外，事業大幅成長與獲利招來收購前的那幾年，藍海的驅動力就是**不順應主流的能量**。對於行事作風和其他公司南轅北轍，我們很自豪，包括我在內，有好幾個人負責打造及維持這種不順應主流的能量。公司遭到收購後，領導這種能量的人不是離開公司（好

比我），就是很難維持同樣熱血、聚焦、動力。接著公司又引進不具同樣能量、心態與做法不同的新人，藍海密切關係人的改變，可以說是最具破壞力的改變，許多方面都對主自傳檔案紀錄（與結果）造成影響。我動筆的當下，還很難說藍海會不會從失足爬起來，至少目前看不出來，就算會也不知道要花多少時間。現在驅動整間公司的，已是全新的主自傳檔案和密切關係人。

記住，公司面臨的任何改變，都可能改變公司的主自傳檔案紀錄。改變越大，影響就越大，結果改變的潛在可能也越大，不論是變得更好或更壞。

除了藍海軟體，我參與過最成功的公司故事就屬美國點對點（Connecting Point），直至今日，除了美國點對點，我從沒見過哪間公司，能夠如此強大執行第11元素主自傳檔案管理策略。

該公司的使命清晰明瞭，那就是成為電腦加盟連鎖業界的第一把交椅，給予加盟業者想要的條件（而不是加盟總部想要給予他們的條件）。當時大多電腦加盟店都不喜歡他們的加盟總部，覺得加盟總部犧牲太多他們的獲利，他們賺到的錢太少，卻得綁約10至15年，不得擅自離開特許加盟行列。由於令人幻滅的案例比比皆是，加上不利於己的合約條件，儘管加盟有其優勢，許多獨立電腦店主還是選擇繼續獨立經營。然而加入電腦加盟連鎖領域的商機無限，不僅可以服務廣大客人，經營方式對**所有人**也是利多的雙贏局面（不光是加盟總部受惠）。

所以美國點對點經營團隊決定:「我們要破天荒翻轉電腦加盟業界,打造革新計畫,給予電腦店主他們引領期盼,卻從沒享受過的福利。」這項使命讓他們熱血沸騰,最先打響第一炮的就是美國點對點執行長,這位神奇人物就是馬克·舒馬特(Mark Shumate,直到今日還是我心目中的商界英雄之一),之後他將這股精神感染底下的每位密切關係人,竭盡所能服務加盟業主的使命,大大鼓舞了所有人。

但在無形網絡中,這種「熱血」卻形成一種神奇魔法,因為大多電腦特許業都要簽10至15年的合約,不得毀約,所以為了退出加盟行列控告加盟總部,很多加盟業主最後鬧上法庭,最後卻都失敗收場。於是美國點對點決定了,他們要在合約加上60日退出條款,意思是只要加盟業主有意,只需要提前60天提出申請就能退出加盟。

60日退出條款具有兩種魔力,第一種不用多說,讓電腦店主更願意考慮加盟的可能性,畢竟他們可以說:「嘿,要是加盟對我行不通,我不希望再堅持10至15年,也可以輕易快速脫身。」但我現在才要講到真正的魔法。我離開這間公司前,我們大概有2500名加盟業主,若我們虧待他們,或是沒給他們賺錢最不可或缺的好價格、優質商品和服務、穩定產品來源,加盟業主皆可提出60日退出通知。員工和管理團隊都很清楚這一點,而這樣的認知也讓我們服務顧客的決心更強烈,因為要是我們不這麼做,所有加盟業主都會退出,整間公司也跟著垮臺。

然而舒馬特和管理團隊更進一步,他們很清楚美國點對點

的成功與職員的付出息息相關，於是慷慨推出福利政策，讓職員備感重視和激賞。美國點對點也設計出一套聰明利多、擴及全公司的多層次獎金激勵方案，鼓勵每位員工擁戴自己的使命，做好分內工作。

他們以此為基準點，推出全新電腦加盟連鎖計畫，改革創新該產業，最後引發猶如野火般蔓延的效應。電腦店主愛死我們，也很滿意我們幫他們增長銷售額和獲利。結果整整一年下來，我參與的加盟連鎖開發團隊，平均每週新進的加盟新血增加，數量遠遠超越大多競爭對手。我們的迅速發展差點跟不上成長速度，銷售額和獲利也突飛猛進。

去看看美國點對點的主自傳檔案，你就會看見革新的雙贏計畫如何帶給加盟業主龐大益處，也會看見所有職員渾身幹勁，做好本分、拿出最佳表現。你會發現他們配合公司的企業文化氛圍，真心投入服務行列，也會發現60日退出條款讓大家更努力做好工作。你會看見成千上萬名密切關係人和心滿意足的加盟業主，盛讚美國點對點，給予正面評價。結果呢？該公司在3年內從9000萬美元，成長至3億5000萬美元。後來某億萬美元競爭對手收購美國點對點，管理團隊和幾位關鍵密切關係人都賺進大筆意外之財。

麥克・戴爾曾這樣描述的戴爾電腦公司的環境：「我們不斷挑戰自我，為的是持續成長，或是提供顧客更優質的服務，每次設下全新目標，我們都使命必達。目標達成後，我們會放緩步調，為彼此擊掌，再開始進行下一個目標。要是身邊有對

第8章　銷售員、行銷、口碑之外的真正推動力　177

自我和公司抱持高期許的同事，似乎讓人渾身活力充沛。公司銷售額衝到 100 萬美元的首日，有人帶杯子蛋糕來慶功，每個蛋糕上都標著『$1,000,000』。我們盡可能讓在戴爾工作更有意義，不只是上班打卡領薪資，工作不但好玩，也常像是一場歷險。」

戴爾繼續道：

「我們學會辨識公司的核心優勢。公司剛成立不久，我們就得出結論，那就是我們想要建立的公司聲譽，就是提供優質顧客服務及優良產品，而這背後的理念是，基於價格優勢建立公司並非長久之計，畢竟永遠都有人能提出比你更低的售價，製造成本壓得比你低。真正的重點是保持顧客和職員的忠誠度，而唯有最優服務和高效產品，才可能打造死忠支持者。我們強調的是理解顧客最滿意的層面，無論是客服電話回應速度、產品品質、產品特色，或是產品使用經驗。正由於我們不斷把重點放在管理能量、特訓、職員教育，全公司上下的人，從製造生產者乃至工程設計師、銷售人員、支援人員，都能理解顧客需求。我們學到不去理會傳統思維、走出自己的路，才是要緊事。」

你是否看出企圖、專注，以及這樣的主自傳檔案，就是推動戴爾成功的最大助力？他們的檔案又是如何脫穎而出？

星巴克首席執行長霍華・舒茲寫道：「無論你的文化、價值、指導原則為何，都得採取計畫步驟，在公司草創初期就開始灌輸思想，讓這種思維引導你的決策、員工僱用、你設定的

各個策略性目標。無論你是首席執行長或低階職員,最重要的一件事,就是每天在公司向所有人傳達思想價值,尤其是新僱職員。無論公司規模,在公司草創階段就奠定正確氛圍,就是長遠成功的關鍵。」

如果你研究過領導學或管理學,大概已經聽過舒茲的說法,但你還是可以從主自傳檔案的角度,重新檢視這種觀點,觀察主自傳檔案可能造成的正負面影響。

舒茲又說:「我們最初是和員工聯手打造星巴克品牌,不是顧客,主打策略和餅乾及早餐麥片公司正好相反。因為我們相信,要達成甚至超越顧客的期待,最好的方法就是僱用訓練優良員工,把心力投資在對好咖啡滿腔熱血的職員身上。正因為他們的熱忱與投入,我們的零售夥伴成為我們最有說服力的咖啡和品牌大使。他們的知識與熱忱在顧客之間點燃熱潮,因而想繼續當回頭客。星巴克夥伴個人感受到的情感牽繫,以及他們與顧客培養的連結,就是星巴克品牌力量的祕密。」

你可以從主自傳檔案的角度看出舒茲開創的力量嗎?你覺得顧客的「興奮狂熱」是什麼意思?也就是在無形網絡散播訊息,以好評洗版星巴克的主自傳檔案。

舒茲繼續說:「在這個變化多端的社會,最強大又持久的長青品牌,都是從心底打造,真實又可永續經營的品牌。它們的建設基礎之所以較為堅韌,是因為力量發自人類心靈,不是宣傳廣告。長青的公司都很真實。」「真實」的意思是,主自傳檔案紀錄清楚透明、激發人心,又深具說服力,完全符合公司

使命和日常活動。

舒茲又指出：

「在星巴克，我們提供的不只有可口芬芳的咖啡，還有我們所謂的『星巴克經驗』：愉快充實的店內環境，舒適親切，又不失時髦優雅。我逐漸理解顧客尋覓的是第三空間，一個吸引人又能激發靈感的場所，偶爾甚至令人放鬆身心，暫時卸下工作與居家的壓力。客人走進星巴克是為了喘一口氣，忙碌生活中抽空休息，對自己好一點，而走進咖啡廳能讓人收穫滿滿。然而要是哪個環節出錯，品牌就完了，這就是為何我們總說『沒有不重要的環節』。事實上，店面就是我們的告示牌，顧客踏進大門的那一刻，腦中就形成星巴克品牌印象，我們營造的氣氛與品牌建立和咖啡品質息息相關。為了強化顧客的視覺、聽覺、嗅覺、味覺、觸覺觀感，每間星巴克店面都經過精心設計，所有觀感信號都要合乎同樣的高標準，藝術品、音樂、香氣、表面質感下意識傳達的訊息，都得符合咖啡的口味：這裡的一切都是最高品質。」

一踏進門那刻，你都是怎麼體會一個地方？當然是五感感受到的表面經驗，但是只有強烈的主自傳檔案才能帶來真正的衝擊，而且一走進去就能感受到。不然你以為氣氛是什麼？氣氛從哪裡來的？當然是來自強烈的主自傳檔案內容。

舒茲繼續說：

「說到我在星巴克最驕傲的成就，就是我們與公司員工建立的信賴和信心，和其他公司不同，我們絕對不空口說白話。

我們石破天驚的計畫案加入了連兼職員工也有的完善健保，所有職員都能享有股票權。我們用大多公司行政主管獨享的尊重，對待倉庫員工和基層零售人員。這種政策和態度與傳統公司的管理智慧天壤之別。只向股東好處看齊的公司，只把員工當做帳目、想方設法壓低成本，行政主管大幅裁員，往往只能換來短暫的股價上揚，但長遠來說，他們不只消弭士氣，也犧牲了革新和企業精神，員工本來可以提升公司高度，但他們的真心付出卻淪為犧牲品。許多公司企業不懂這並非一場零和賽局，不該把善待員工當成一種折損獲利的額外成本，而是一種後勁強大的激勵手法，能夠擴大公司的事業版圖，超越領導人設想。星巴克人對自己的成就很驕傲，也較不易離職，我們的人員變動率低於同業平均一半，既能節省經費，也能和顧客培養出更深厚的牽繫。但是好處遠遠不僅如此。如果我們能和自己效力的公司產生共鳴，與公司形成情感連結，相信他們的夢想，就能推心置腹，全心全意將公司推上高峰。要是員工能擁有自尊和自重，就能為他們的公司、家人、世界貢獻更多。

你是否看見這種哲學是如何影響星巴克員工，激勵他們恪盡職守？你能否看出星巴克如何利用這種哲學，打造正面的主自傳檔案紀錄、形成**強大**影響，推動該公司的成功與龍頭地位？以你目前對第11元素的認識，看見星巴克這麼成功，擁有清楚執行的意圖及這種主自傳檔案，你覺得驚訝嗎？

每間萬豪酒店房間的床頭櫃抽屜裡，都有一本《萬豪酒店之道，服務的心》(*The Spirit to Serve, Marriott's Way*)，序言作

者是詹姆‧柯林斯（Jim Collins），他亦著有《基業長青》（*Built to Last*）和《從A到A+》（*Good to Great*）。柯林斯如此描寫萬豪酒店：「真正卓越的公司都有一套長遠不變的核心價值和使命，業務策略和實踐卻會順應世界變化。同樣地，公司的核心目標是讓客人在出遠門時，感覺像是和朋友在一起，享受賓至如歸的服務，而這就是他們長遠不變的指導和靈感方針。卓越公司會發財致富，卻不會在追逐獲利時，偏離中心目標。」

讓人出門在外時，感覺像和朋友在一起、享受賓至如歸的服務，你覺得這種核心使命對萬豪酒店的主自傳檔案造成什麼影響？會如何影響到他們訓練密切關係人的做法？又是如何影響密切關係人的日常工作及行事作風、密切關係人為主自傳檔案補充的紀錄、客人在飯店的感受？

柯林斯補充：「就如萬豪先生在書中所說，該公司忘記初衷時也曾迷失徬徨。」他總結寫道：「在這個瞬息萬變的世界，蓬勃發展、適應未來時代的關鍵，就是不忘自身立場，並以決心毅力堅持下去，永不改變初衷，同時也得秉持同樣的決心毅力，願意去改變其他事。堅持初衷和順應改變的罕見能力，就是萬豪酒店過往成就的祕訣，也是解鎖未來成功的鑰匙。」

當你看不見初衷，主自傳檔案紀錄會發生什麼事？這是否會對結果造成影響？現在你是否覺得模式和第11元素的真理又更清晰了？追求成功事業和財富時，要想獲得最高成效和優勢，重點就不能只是銷售員、行銷、口碑建立，還要認真敏銳地管理密切關係人和主自傳檔案。

運用你在本章和上一章學到的技巧、策略、見解,與你的內在執行長攜手合作,確保你的主自傳檔案紀錄正面強效、真實又有說服力。

作者碎念:關於挖掘及處理主自傳檔案紀錄,我還在持續不斷測試、開發、改良全新技術和資源中。

CHAPTER

9

學習何時保住底牌，何時棄牌

宇宙無奇不有，正靜待我們開竅。
——英國作家伊登・菲爾波茲（Eden Phillpotts）

接下挑戰，才能體會勝利的狂喜。
——小喬治・史密斯・巴頓上將
（General George S. Patton）

玩撲克牌時，先不管你手裡握著什麼牌，也不管底牌是強是弱，有時你會選擇保住底牌（繼續玩），也可能棄牌（不玩，重來，長遠利益較高），並且在全新下注時，根據手邊的情報做決定（包括直覺或內心直覺）。

同樣地，有時你會尋求內在執行長協助實現某種成果，接著清楚看見自己獲得期望的結果，繼續收割。這就像打撲克牌的保住底牌，這種時候最好玩，既興奮又刺激，結果也很豐厚。

有時你請求內在執行長幫忙實現某種成果，求助方案寫得很好，也和內在執行長約定好暗號系統，你精明管理主自傳檔案，盡自己所能實現目標成果，最後卻沒有獲得你所要求的結果。這種情況下，你必須拋下你期望獲得的結果，換個方向前進，就像是撲克牌遊戲中的棄牌，多數人都不喜歡碰到這種情境，但你可以全心擁戴第 11 元素系統和哲學，轉換不愉快心境，心知肚明這對你其實是好消息。

有時你不會知道你要求的結果是否會實現，應該保住底牌或棄牌，這種情況下，你需要的策略是面對日常生活的挑戰時，清楚知道要保牌或棄牌，以及應該如何應對。

我個人運用的策略是，按照第 11 元素系統的原則打造求助方案，然後寄給內在執行長，請它審核，同時完全不指望求助結果是否實現，放下既定觀點，不要設定偏好的時間框架。等待期間請理解一件事，那就是你的觀點和自認什麼是正確、最好、對你有好處的想法非常有限，也不見得正確。

你可能會想：「說得簡單，我要怎麼保持客觀冷靜，不抱

一絲期望？」答案就是專注、自律、練習。就像培養其他技能一樣，培養客觀的技巧一開始困難又彆扭，隨著時間與練習會越來越輕鬆上手。一開始你得管好自己的心，抵擋任何不耐、焦慮、失望、執著的誘惑，要做到也許不容易，然而要是你寫一份求助方案，請內在執行長協助你培養客觀心態，自然就能減輕你的負擔。和內在執行長開始合作之後，你會看見你的世界起伏發展，真切「體會」自我觀點的局限（尤其要是你常見識到網絡情報如何驅動發展），這時學習客觀冷靜就變得容易許多，最後你會琢磨出更強大的內心，遇事更能處之泰然，甚至漸漸養成一種習慣，不再需要努力保持客觀。

當你培養出客觀心態，就像是準備跳躍一道缺口，步步接近理想成果。你明明知道自己身在何處，也知道自己想前往哪個方向，卻不知道該如何抵達目的地（跳過缺口）。所以你站在缺口前，一次一步慢慢來，同時保持警覺和開放心態，等待可能來自四面八方的協助，每天這麼問自己：「今天是否開了一扇門，帶領我一步步走向結果？今天我要採取行動嗎？今天有收到什麼指示或信號嗎？」你只需要每天付出一點點，觀察等待機會上門，讓情報流向你、某人主動找上你，無論是什麼，都保持管道開放，隨時準備接收內在執行長的協助。

收到當頭棒喝般的指示，感覺到行動的強烈欲望，或者面臨決策點，這種時候才採取行動。意思就是不管是出於什麼原因，當你站在十字路口，面對不得不做出決定或採取行動的時間點，而且時間緊迫，必須立刻決定要往左或往右走。再不然

就是當權者要求你做決策的時候。很多人通常沒耐心,只想在決策點降臨前硬做決策,但這種策略的風險很大。

　　回想一下內在執行長以及控制室員工埋頭苦幹,幫你實現成果的畫面。想像一下內在執行長和它的員工,忙得昏天暗地,收發電子郵件、用無形網絡的搜尋引擎查找資料、與人溝通協調、精確審查、模擬情境、探索可能、擬定計畫。就如我們所說,世界日新月異,今日看似完美的解決方案、人才、點子、資源、策略或技術,到了明天可能又不一樣。你有發現嗎?要是多給內在執行長和它的職員一點時間,結果可能更好。你現在明白為何還沒走到決策點,就最好別草率決定、倉促行動了嗎?

　　當你看見明確指示、收到指導、發現動靜,或真的走到決策點時,如果已經確定知道該怎麼做,也不需要他人協助,你就可以當下立斷做決定、採取行動。但如果還是不清楚,可以透過第11元素系統,請求內在執行長指引方向。這就是運用第11元素系統,打造成功事業和財富的意義。就如先前所述,當你採取行動或決策時,系統會處理一連串你碰到的缺口,然後進入等待期,一個全新缺口出現後,又進入另一個等待期,以上過程會不斷重複,直到你獲得所欲成果(甚至是更好的結果)。

　　如果你跟著這種節奏走,卻似乎沒有收到指示或訊息,或幾乎毫無動靜,只有以下5種可能解釋:

1. 你原本的求助方案不夠清晰明確。

2. 主自傳檔案紀錄影響到你的求助方案。
3. 你要求的成果終會實現，只是時機未到。
4. 你要的(甚至更好的)結果已經實現，只是你沒發現。
5. 內在執行長婉拒了你的求助方案，或是擱置暫緩。

你原本的求助方案不夠清晰明確

如果你耐心並謹慎地按照指導方針，寫好求助方案，通常就不會碰到這個「問題」。但如果你沒有照做，引起的問題就可能不小。本來可以通過的求助方案不如你預期地通過，單純可能因為你寫得不夠清晰明確，而且這種情況比你想像的還常發生。情況很可能是這樣：控制室的紅色傳真機嗡嗡作響，傳來你的求助方案，內在執行長拿起來閱讀，讀完後，說：「我看不懂你說什麼！」然後揉成一團，丟進垃圾桶。

當客戶和終極生活方式學院的學員剛開始使用第11元素系統，求助方案寫作技巧尚未熟練之前，我常讀到不夠清晰明確，以致於得不到回應的求助方案。很多時候，我不只幫他們把文字修潤得更清晰，也提醒他們：「你沒有真正提出求助」，或「這只是平鋪直述的話，不是求助」。以下3種求助句子能夠解釋我的論點：

1. 「我的諮詢顧問事業很有趣，吸引北美地區最優秀聰穎的商業人士，他們都開心支付諮詢費，我也很樂意幫他們

達成銷售行銷目標。」
2.「如果我想要試著出售房地產，就需要可靠的賣方幫忙。」
3.「進行這個任務時，我每月至少需要 1 萬美元收入，支付生活開銷和新創公司費用，請問最好的做法是什麼？」

第一和第二個例子只是平鋪直述的句子，並不是真正的求助，所以內在執行長視而不見很正常。第三個例子先是平鋪直述，然後提問，但也算不上是真正的求助，所以求助自然也不會實現。

你可能會想，雖然只是平鋪直述某情況，不是真的求助，但他們提出的求助內容已經很明顯，內在執行長還是會回應吧，可惜不是你想的那樣，系統也不是這麼運作的。請切記，內在執行長始終按字面意思行事！

注意一下，以下兩種說法大不相同：「請問最好的做法是什麼？」和「請**告訴**我最好的做法（或「幫我執行這件事」），差異也許看似微不足道，但是對於內在執行長收到和送進無形網絡的訊息，這種差異對最終結果仍會造成極大影響，畢竟所有求助方案都只看字面意思，所以你必須提出清晰確切的求助。

我在諮詢或效力的公司與密切關係人合作時，常常有人來找我聊某件事。耐心聽了一下子後，我會說：「不好意思打**斷**你，不過你有想提出的問題嗎？是不是**要我**幫你做什麼？不然為何告訴我這件事？」這時他們才切入正題，說出諸如此類的話：「我需要你批准 X」、「我需要你審查 Y」，或「我需要你和某

某對談,因為他拒絕了我們需要完成的任務」,然後我們很快得出結果。內在執行長收到求助方案時,運作方式也很類似,差別在於內在執行長不會打斷你,請你釐清情況或有話直說,單純視而不見你的求助方案。

要是清晰明確是你實現理想成果的唯一絆腳石,只要重寫求助方案,再次提交就好。所以要是你提出的求助沒有實現,務必重新檢視求助方案,確認你按照求助方案指導方針,清楚明確地說明你需要的協助。要是發現求助方案不夠明確清晰,就重寫再次提交,等待批准。如果你確定求助方案已經夠清晰明確,就要考慮是不是下列其他可能。

主自傳檔案紀錄影響到你的求助方案

要是你求助的內容似乎沒有實現,就必須重新審查前兩章的主自傳檔案管理指導方針。誠實認真檢視你的行動、思想、感受、策略、密切關係人,看看是否有改變的契機。

如果你的主自傳檔案扯後腿,導致成果無法實現,接下來的步驟不是修正問題,就是接受事實。如果問題可以修正,只要套用前兩章的指導方針技巧,和內在執行長合力修改,或是直接消除主自傳檔案紀錄,再不然就是對當初提出負評或扯後腿的人事進行調整。不過過程中務必有耐心,全視問題的複雜程度而定,修改、更新檔案,從最終結果中看見改變,可能需要一點時間。

那要怎麼知道是主自傳檔案扯你後腿?或者是否可以修改調整?有時你就是感覺得出來,你內心深處就是知道,尤其是累積系統運用的經驗之後。有時你會反覆看見類似模式,發現重複模式並非隨機發生,於是懷疑是不是主自傳檔案作祟,最後明白是主自傳檔案造成的結果。不確定時就使用第11元素系統,擬定求助方案,請內在執行長幫你釐清和指引方向。

你要求的結果終會成真,只是時機未到

我們在其他章討論過了,許多時候內在執行長和它的員工還在幫你,成果還沒實現,是因為它們還沒完成研究調查、精準審查、規劃,或是即使作業已經完成,時機尚未降臨。

開始使用第11元素系統之後,一定要記得我的經驗之談:研究調查、澈底審查和規劃階段比你想像的費勁,實現過程也比你預想的慢。

請不要忘了,世界瞬息萬變,錯綜複雜,內在執行長和它的員工要瞄準不停移動的目標,實在不容易。

如果你應用以上經驗法則,結果很快實現,你就會驚喜不已。如果花的時間比較長,至少你已經做好心理準備,不至於感到沮喪失望,沮喪失望的程度也會大幅減少。你越有耐心,越能理解求助獲准和實現成果錯綜複雜的必經過程,追求事業成功和財富時就會越輕鬆好玩。

該怎麼知道成果終會實現,只是需要耐心等待?等你喚醒

直覺，和內在執行長培養出默契，就能常常感應到，也會知道答案。其他時候，儘管成果尚未完全實現，也會有足夠動向告訴你計畫正慢慢實現，有些時候只要應用第11元素系統，向內在執行長提出求助，請它明確指引方向就好。別忘了，有時你唯一能做的，就是耐心等待。

你要的（甚至更好的）結果已經實現，只是你沒發現

　　使用第11元素系統時，可能會常常發生這種狀況。你寫了一篇清晰完整的求助方案，保持開放心態，內容加入「請你幫我實現這個請求，甚至是更好的結果」等句子，也已經得到你想要的結果，只是你一直沒發現，為什麼這樣？因為你沒有留意，再不然就是沒發現成果和求助方案之間的關聯。

　　有時你沒注意到，純粹是因為你沒留意內在執行長給你的指引。例如：我曾有一個客戶，父母過世後留給他一份高價房地產。他必須出售房屋，於是我們合力打造求助方案，後來他卻致電抱怨，儘管房屋本身很吸引人，他也僱了一名房仲高手，加上當時房市健全，看屋的人也不少，卻沒人要買。於是我們合力再寫一份求助方案，想辦法揭發問題成因、解決問題。但事後他持續抱怨房子還是沒出售，他的內在執行長根本沒幫忙。

　　幾週過去了，有次我們促膝長談時，我提出不少問題，講到一半他突然告訴我，其實他內心某部分不想賣掉房子，因為

他父母婚後一直住在這裡，兩人也是在這棟房子離世，他很難走出傷痛。他解釋，他自己內心一部分似乎相信，要是不賣出這棟房子，就彷彿父母沒有真正離世。我問他內心有這種感覺多久了，他說：「3週。」他告訴我一件之前從沒向我提過的事。其實他收到幾次出價，但由於低於他設定的價格，他全數拒絕。我立刻清楚發現，他的第2份求助方案其實早就實現，內在執行長早就揭露問題來源（主自傳檔案紀錄顯示，他還沒準備好出售房屋），只是他自己沒留意罷了。

其他時候可能是因為你不記得自己寫了什麼，所以才沒注意到求助方案已經實現。很多情況下，我聽客戶說他們的請求信函箱滿滿是求助方案，定期回頭檢視請求信函箱時，才發現自己忘了曾經提過的求助方案。

同樣地，你可能寫了包含4項要素的求助方案，其中3項求助事項實現，你卻當做沒發生，因為第4項對你才是重點，而你把全部心思都放在那上面。例如：你可能寫了一份求助方案，要求月薪提高至2萬美元以上、每週減少10個鐘頭的工時，而你的策略包括找到幾間新合資公司、打造或找到其他供應顧客的產品或服務，幫你提高收入。後來你可能成功減少工時、找到合資公司、打造或找到其他產品或服務，只有月薪沒提高至2萬美元，但你可能只看見月薪沒增加的事實，完全沒發現其實另外3項早就實現，這種真實案例在我客戶和學員之間屢見不鮮。

有時你堅持某個你想要的結果，或是希望最後以某種方式

實現，所以無論如何就是不會注意，形同雙眼遭到蒙蔽。有些時候你可能沒注意到連結，或是單純從沒仔細檢視，所以不知道早就實現。

如果你覺得結果沒有實現，懷疑自己可能錯失連結，不妨重讀你當初寫下的求助方案，仔細查看各種已經實現的成果，看看是否找得到連結。許多情況下，你會找到超過一項連結，內心出現「原來如此」的頓悟，你會感謝內在執行長的英明與高超技巧，實現超越你請求的成果，接著就是好好慶祝和享受勝利的時候了！

如果你看不出連結，可以思考其他沒有實現的可能理由，或是運用第11元素系統，請內在執行長幫你找出及了解你可能錯過的連結，這個過程不只有幫助，也極具啟發性。

內在執行長婉拒了你的求助方案，或是擱置暫緩

應該沒人喜歡這個可能，理由很明顯，但是事實上，求助方案難免遭到拒絕，而且這種案例還不少。因為你的內在執行長會從他的宏觀視角審查，說：「不行，這對你不好」，或「這樣會和另一個我們正在執行的專案相牴觸。」類似情況無時無刻在公司場合發生，相信你已經很熟悉。發生這種事時你沒有選擇，只能放手沒有實現的結果，把重心轉移其他工作；換句話說，就是**棄牌**，不是重新拿牌，就是安靜等待別人再發牌給你。

有些時候，你的求助方案是獲得批准了，只是還需要再等，或許需要等個幾年，因為你的內在執行長從它的**宏觀視角**觀察，說：「**現在**實現對你沒好處，晚一點應該比較好。」這種情況在公司場合司空見慣，你去找老闆、合夥人、董事會，對他們說：「我想要完成 X 專案的經費和資源。」可是老闆、合夥人或董事會看了一眼後，暫且打槍你：「我是可以看出這個專案的利益，但現在無法執行，因為所有預算都已編入本季，第 3 季再幫你撥放預算。」或是：「看起來是挺不錯，但所有人都在忙新版產品的發布，我完全贊成這個方案對我們很好，但現在還是暫擱一旁，發布會結束再來考慮。」

要記住，從某個角度來看，遭到拒絕是很令人氣餒難過沒錯，但是從另一個更遼闊強大的視角來看，求助方案遭拒其實是好消息，因為這代表就算你沒發現，你的內在執行長卻能從寬廣視野看見，進而避免了負面結果。求助遭拒可能代表之後會發生更好的結果，因此得到「不行」或「晚點再說」的答覆，其實是一件值得慶祝的事。使用第 11 元素系統數年後，你會發現自己當下短暫的失望，事後都結成更美好的果實，這時你的心態就會轉變，面對拒絕也沒那麼難受了。

要怎麼知道求助方案遭到拒絕，抑或暫緩擱置？和前面一樣，有時你就是感應得到，你內心深處就是知道。其他時候實現的反而是其他事，而你會清楚發現為何這個結局對你比較好，或是為何你提出的另一個請求也實現的話，反而可能招致問題。但要是你遇到的不屬於上述狀況，就得使用第 11 元素系

196　無形網絡元素

統，擬定求助方案、寄給內在執行長，請它幫你釐清和指引方向。

如果你不知道怎麼進行，怎麼做才好

有時你可能會請求內在執行長幫你實現某種成果，最後卻沒有實現，儘管你遵照指示建議，還是不清楚原因或是不曉得該怎麼做。這種情況下可以使用第11元素指導方針，擬定一份求助方案，用自己的話語傳達，細述個人情況，內容大概類似：「我請你幫我實現X，但X似乎沒有實現，所以我現在很迷惘，不知道接下來該怎麼做。請指導我、給予我明確指示，幫我釐清狀況，或是告訴我要做什麼、該怎麼做。我需要修改求助方案嗎？是不是終會實現，只需要我耐心等待？我是否已經獲得更好的成果，只是我不自知？是否有需要我改變的主自傳檔案內容？你是否已經拒絕我的求助方案？請幫幫忙。」

即使是最厲害的撲克牌高手，屢屢贏牌賺錢的玩家也不是每次都握緊底牌，也有棄牌的時候。保住底牌有好有壞，端看情況而定，而這都是一種觀看角度，只是遊戲的一部分，撲克牌專家抱持冷靜沉著的科學家觀點玩牌，而你也該這麼做。

在拚事業和財富的路上，保住底牌和棄牌是遊戲的一部分。現在你有了X光眼鏡、全新拼圖塊、本書學到的利器，已經做好萬全準備，也明白為了收割最高優勢，何時應該保住底牌，何時又該棄牌。

現在我們要發掘其他鮮為人知的致富發財、事業成功的祕訣,你準備好了嗎?如果已經準備就緒,請跟我翻到第10章。

CHAPTER 10

下一站：財富

我們勢必爬一段蜿蜒曲折的階梯，才能抵達高處。
——法蘭西斯・培根（1561~1626年）

沒人能一蹴而就，都是要經過一生的預備養成。
——小說家蓋爾・戈德溫（Gail Godwin）

太空船逐漸逼近目的地時，就得準備對接，船長和船員或「派遣小組」才能安全登陸，執行其他任務。前9章我們主要講的是怎麼應用第11元素系統，讓商業成功和財富更上一層樓。你可以把前面的聚焦形容成一種**旅程**，下面兩章我們會持續探討這段旅程，不過重心會慢慢轉移，專門就目的地進行探討（也就是登上成功和財富舞臺之後），好讓你也能準備「太空對接」。

　　我認真鑽研過財富與成功，曾經富有，也曾經失去所有，然後重新爬起來，再次創造出突破以往的財富，身邊的人絕大多數也都是成功富人。那段期間，我學到6件不為人知卻非常寶貴的課題，在此想與你分享，當做是太空對接前的預備。這6堂關於事業成功和財富的課題分別是：

1. 多數人都忘了，賺錢術其實只有3種：拿時間換取、進行獲利買賣（包括投資）、繼承大筆財產或是透過樂透等投機手段謀財。
2. 金錢能換來更多自由，對你卻不見得是好事。
3. 除非時機成熟，否則成功不會輕易降臨。
4. 一般來說，你知道的越少，對你越好。
5. 金錢通常是一種乘法，準備好迎接加乘效應。
6. 成功並非人人必須達成的任務。

第1課：多數人都忘了，賺錢術其實只有3種

要是經過濃縮，得出核心重點，創造財富（在人生路上賺進一大筆財富）的方法其實只有3種：

1. 拿時間換取。
2. 進行獲利買賣（包括投資）。
3. 繼承大筆財產，或是透過樂透等投機手段謀財。

拿時間換取

當你付錢給某人換取某樣東西，或是對方付錢給你換得某樣東西（換取你的時間或產品服務），此舉傳達的訊息是：「你提供的東西對我具有價值，我願意和你交換。」因此如果你目前的賺錢術是拿時間換金錢，希望事業成功、財富進帳更豐厚，那你就得找方法提升你時間的價值，而為了換取你的時間，其他人也會心甘情願掏出更高費用。你可以透過你販售的產品或服務，或是任何東西都好，找方法為雇主增加價值。

從表面來看，提升價值的方式包括學習新知與技能、火力集中在不同小眾市場、提高收費、附加贈禮。要是目前薪水太低，你可以另尋更懂得認同你價值的人。至於哪種選擇對你最好？向內在執行長提出求助吧！長短期求助都可以。

不過你得誠實對待自己，無論你收多少鐘點費，都不得不明白，以時間換取金錢的策略成效有限，畢竟一天的工時很有

限,為了維持健全快樂的生活方式,你願意貢獻於工作的時間可能不會太長。但這項規則還是有例外,好比你的工資以鐘點計算,卻額外享有公司股份、股票期權、大筆紅利,因此如果你真的想賺大錢,終究還是要向內在執行長提出求助方案,請它幫你爭取到公司股份、股票期權、大筆活力,再不然就是協助你轉換到第二種賺錢術:進行獲利買賣。

進行獲利買賣(包括投資)

如果獲利買賣是你目前打拚事業與財富的主力,那你就站對位置了。在這種模型中,你可以運用第11元素,向內在執行長提出求助方案,想方法幫你增加買賣數量或獲利,也就是擴充商品線或服務,提升你目前提供的商品與服務價值,利用商品及服務賺到更多錢,或是獲得更高投資收益率。

我有很多客戶都是應用第11元素系統,擴大股票和期權交易、商品交易、房地產投資等各種投資的獲利。無論你的主力是什麼,都一定能找到提升效能、效率、成果的方法。想要找對方法並應用在每一天,最好的做法就是和你的內在執行長合作,向它提出求助。

繼承大筆財產,或是透過樂透等投機手段謀財

一般來說,繼承財產超出你能夠掌控的範圍,所以運用第11元素系統要求繼承財產,效果並不彰顯。不過我確實有客戶運用這套系統請求樂透中獎,或是透過賽馬、玩21點、運動彩

等投機手法求財。和其他求助方案一樣，若是用這種方式贏錢真的符合你的人生目標或使命（確實有不少人靠投機致富），那你的請求就會成真。如果這不是你的人生目標或使命，不會發生就是不會發生。

第2課：金錢能換來更多自由，對你卻不見得是好事

擁有的財富越多，你的自由就越多，可選方案也越多，選擇也越廣泛。但太多自由可能是一把雙面刃，或許讓人感到無聊、缺乏動力、像是無頭蒼蠅，結果反而浪費時間精力，再不然就是選擇太隨便、執行策略太潦草。我自己有過不少類似症狀，很多我認識或指導的成功人士也有這種情況。

財富和偉大事業成就的幕後推手多半是「滿腔熱血」，要是錢太多或太自由，反而可能澆熄或減弱火苗，這樣一來，理查·布蘭森、J.K. 羅琳、哈蘭·桑德斯也不會有今日的成就。

如果我們沒有類似**萬有引力**的現象，雙腳就無法著地，無法控制重力，四處飄蕩。正因如此，太空人在外太空時，身體必須固定在工作或休息區，這就是為何我提到的科幻電視劇中，太空船船長和船員都有人造重力。無論如何，萬有引力的限制效應很正面，也是完成任務的必備條件。

同理，錢不夠用造成的限制往往是一份難能可貴的禮物，這樣一來，你才能在實現人生目標的路上保持專注，不偏離軌

道。

　　要是我不曾經歷過墨菲定律時期，缺錢（需要還債）的情況沒有嚴重限制我的選擇，我就不會是今天的我，對此我非常知足感恩。要不是曾經資金有限，我就不會有追求或增進知識技能的動力，也不可能對我日後大有助益，效益甚至延續至今天，包括第11元素系統的持續發展和推廣。要不是我曾經歷慘痛的財務困境，多次觸發內心的情緒按鍵，讓我的生活品質大受影響，逼我不得不尋覓療癒解方，我就不可能解除這些按鍵，也不可能有今天的平靜快樂、從容不迫（雖說我還有好幾個按鍵需要解除）。

　　財務困頓期間，我不斷上呈求助方案給內在執行長，請它幫忙逆轉頹勢，讓財富回流我的人生，但我的要求卻從未實現。有時我很氣內在執行長，以致於無法保持客觀，可是現在再回頭看，我每個階段擁有的金錢（在當時）已夠完美執行任務，而且為了達成人生目標，這些都是我必經學習、十分重要的發展課題。財務壓力逼我不得不前往某個方向，做出某些選擇，同時阻止我做某些選擇。

　　我剛脫離墨菲定律時期、重新拚財富的時候，接了一件本來應該賺進超過1000萬美元的案子，最後酬勞卻遠遠不及這個數字。當時我很氣惱，覺得配不上我努力付出的時間心血、辛苦貢獻，但我後來才發現，當時要是我真的賺到1000多萬美元，我的飢渴野心就會大打折扣，也不會追求對人生目標至關重要的其他專案，所以對我而言限制是一種福氣。

我的祖父並非年紀輕輕就致富，經濟大蕭條襲擊時，他是一名成功律師，財務生活無虞。和許多人一樣，1929年股市暴跌時，他的股票交易融資餘額過高，最後損失慘重，負債累累。然而他沒有像其他人一樣直接宣告破產，反而承諾合作的銀行家，他會連本帶利償還每一分錢。為了還清債款，多年來他做了無數個人和家庭的犧牲，最後也果真辦到了。償還債務符合他的正直人格，於是後來創辦萬寶華公司、需要申請銀行信貸額度時，當時的努力總算有了回報。當初他欠款的銀行家願意貸款給他，因為他們很清楚，我祖父無論如何一定會付清貸款，有誰想得到1929年經歷的傷痛，日後居然反過來推他登上個人成就高峰，成為富可敵國的人生勝利組？

千萬別忘了，好比雕塑家運用黏土、畫家使用顏料、作家透過文字，內在執行長會擷取你的個人經驗當做原料，在你實現人生目標、完成使命的路上，把你形塑成你真正想要成為的那個人，去做你真正想做的事，思考和感受你真正想要思考與感受的事。**自由和限制都是內在執行長會使用的原料，而且是非常強大的工具。**

最重要的頓悟就是，無論面臨什麼樣的情境，無論是缺錢或有錢，這些都是推動力，能對你的人生、使命、人生目標產生巨大效應，因此要非常謹慎管理資金流向。

第3課：除非時機成熟，
　　　　否則成功不會輕易降臨

　　我的祖父和哈蘭‧桑德斯都是年過七旬才躋身富豪行列。我在31歲致富，接著又失去所有，直到40多歲才又賺大錢。藍海軟體的首席執行長羅斯‧霍伯斯在35歲前後致富，麥克‧戴爾在20多歲致富。要是你認真鑽研成功法則和賺錢術，就會發現每個人走到富有「目的地」的年齡都大不相同。

　　雷‧克洛克（Ray Kroc）從事餐廳設備的行銷工作並不順利，直到52歲才賣起人生第一個漢堡。這個年紀的人多半都已準備退休，他卻從幾個漢堡攤販起家，打造麥當勞帝國，成為世界最大連鎖餐廳，自己也成了大富豪。

　　為何我祖父和哈蘭‧桑德斯非要等到70多歲不可？為何雷‧克洛克得等到50多歲？為何我和其他人年紀輕輕就致富？為何不是所有人馬上就能發財，或是在最渴望成就時達成目標？都已經讀到這裡，相信你內心早有答案：因為無關乎年紀大小，時機要符合個人使命才會成功。

　　不管你相信自己想要什麼，你有多麼飢渴焦慮，又有多天資聰穎，或是發現多麼有利可圖的機會，全都不是重點，要是打造事業成功和財富符合你的人生目標和使命，你終究會成功，但無論如何都得等到時機成熟。至於時機是否成熟，則要由你的內在執行長判斷，不是你自己說了算。

　　前英國首相班傑明‧迪斯雷利（Benjamin Disraeli）說過一

句動人的話:「人生成功的最大祕訣,就是機會來臨時,你已做好準備。」

第4課:一般來說,你知道的越少,對你越好

20多歲時,我第一次和直覺輔導師馬歇‧列佛(Marshall Lever)進行解讀,他說出一句令我永生難忘的話,我希望你也銘記在心。他告訴我:「我可以清楚看見你眼前的人生。你的前程似錦,擁有個人價值、事業有成,而且這還不是全部,但我不會告訴你我看見的所有東西。」

「為什麼?」我問他。

「因為假設我告訴你,你會去伊斯坦堡,成為黃金交易商,依照你的個性,你會立刻動身去伊斯坦堡,然後錯過在那之前各種美妙、不可思議的必經體驗。」

馬歇說得沒錯。如同我在書中所說,為了幫你完成使命、實現人生目標,你的內在執行長無時無刻都在工作,365天全年無休,這是一項耗時多年的浩大工程,從你出生到使命實現的過程中,需要啟動和完成的專案不計其數,而且不能直接跳到最後,必須一步一腳印,為了使命實現的那一刻做好準備。

我在第2章探討人生目標和使命,也解釋了大多人並沒意識到自己的人生目標和使命,可是這不影響,也不是成功的必備條件。現在我要告訴你,正如馬歇‧列佛給我的明智指點,

不要知道太多未來的事其實是一大幸事。

以下提供一個我很喜歡分享的例子。一個名叫塔拉・利平斯基（Tara Lipinski）的14歲女孩，在1998年冬季奧運贏得女子花式滑冰金牌。塔拉竭盡所能，經歷千辛萬苦、犧牲奉獻，才解鎖這項高成就，而奧運金牌明顯也符合她的使命。但要是塔拉6歲時就得知8年後她會贏得金牌，這是她的命運，而她也信了，你覺得會不會影響她的驅動力、動機、付出、特訓時程？肯定會。提前知道這種事，絕對會帶來改變。

就像財務限制可能是一份天大的禮物，不知道太多關於未來、使命或人生目標的事，也不失是一種優勢。保持人生的神祕感，內在執行長不僅更能默默有效地指引你，也能為你添加生活樂趣。你有沒有喜歡一部電影喜歡到看了好幾次？如果有，我敢說你大概也注意到了，隨著神祕感逐漸消失，你會漸漸沒那麼享受觀看電影的過程，所以有時還是不知道比較好！

這裡一樣，公司場合也能套用第11元素的概念。公司會開會討論員工不知曉的話題，在公司架構下，有時你會去找老闆或首席執行長詢問公司的未來方向，他們的回答都是「公司機密」，暗示諸如此類的情報是遵守「需要知道」原則，你不需要知道也能做好分內工作。這類情報的保密對公司的長遠成敗至關重要，對你的人生也是一樣。

記住，你這輩子的「任務」就是擁有有限觀點、累積經驗、學習知識、貢獻一己之力，或是做其他事，實現來到人世的使命和目標。全盤皆知的內在執行長則是管理大大小小的細節，

推你走到最終目的地。

你天生注定富有嗎？如果是，什麼時候才是致富的時機？你應該走哪條道路，才能抵達目的地？我也沒有正解，但我強烈建議你，面對自己的一無所知，還是開心一點吧！

第5課：金錢通常是一種乘法，
　　　準備好迎接加乘效應

雖然稱不上是法則或規則，不過我注意到一個趨勢，那就是如果你本來就是內心快樂平衡的人，擁有更多錢，往往會讓你的內心更快樂平衡。反過來說，如果你本身不是一個快樂的人，也就是我所說的神經質，或有糾纏不休的心魔，而如果你的人生目標和使命就是要你走這一遭，那麼擁有更多財富通常只會讓你更不快樂、更神經緊繃，更可能淪為心魔的受害者。

我生平第一次賺大錢是我人生最悲慘的時候。雖然這不是非必要不可的發展，但我與生俱來的不快樂和神經質傾向更明顯了。我知道有的人不怎麼富有，沒有多少物質，卻過得非常幸福快樂、充滿成就感、心靈平靜。我也知道有些人明明坐擁幾億美元，卻過得淒慘不幸。金錢不是造成這兩種現實的主因，快樂與否取決於我們的內心。

有一個事實人盡皆知，也有紀錄為證。無論是繼承財產、中樂透頭獎、簽訂一紙天價的運動合約、搖身一變知名音樂人或演員等，都有人在一夜暴富後，差點在加乘效應中溺斃。

這就是另一個財富會挑時間，等到時機成熟才降臨的原因。對許多人來說，體驗加乘效應是他們的人生目標和使命，對有些人而言（包括我第2次致富時）卻不是，所以要謹慎應對致富的時機，以防生活品質嚴重衰退。

這又是一個求助方案為何要考慮生活方式和生活品質的原因，也是為何如果已知問題可能惡化，就要主動求助，揭發並解決核心成因，等到財富來敲門，加乘效應才不會造成太多負面或礙手礙腳的結果。

第6課：成功並非人人必須達成的任務

你可能會覺得這一課令人意外，畢竟這本書的重點就是成功，但我覺得在你的腦中植入這個觀念是我的義務。你所定義或夢想的事業有成，或是致富發財，也許不屬於你的使命或人生目標。

任何活在這個世界的人，都可能在刮鬍子或沖澡時發想出簡單構想，然後漸漸發展成數百萬美元，甚至數億美元的商業點子。我們身邊不乏例子，也看見各種難以置信的可能，像是有人知道怎麼賺錢，也知道怎麼繼續賺錢。但請記得致富並非隨機或意外，而是在人生目標和使命的驅動、內在執行長的明智鋪陳下發生。

我們的文化，好比書籍、電影、媒體，以及我們的父母、導師、行為典範都告訴我們，成功意指著榮華富貴、擁有精品、

過著豪奢的生活方式。

有時我們的使命和富裕無關，只是誤以為我們想要財富豐饒、金錢無虞的生活，這是因為我們成長時灌輸的文化價值，不斷告訴我們成功、金錢、自我價值三者密不可分。

擁有大筆財富，一筆你認為你想要的數字，或在預設時間內想要得到的數字，也許不是你來到人世的必經之路，儘管大家都有這種想法，社會也不斷灌輸你這種觀念，再不然可能是你周遭有人正在探索賺錢之道、想要努力達成財富目標。

若是擁有你以為自己想要的大筆財富，或在預設的時間框架內賺到一筆錢，事實上不屬於你的真實目標，即使你開始運用書中學到的技巧策略，你的內在執行長一逮到機會，還是會阻擋你的財路。可能是別人的發財策略對你沒效，再不然就是你人生中遭遇某件事（就像我在墨菲定律時期那樣），一眨眼就損失得來不易的財富，譬如法律訴訟、揮霍無度的開銷、遭遇保險理賠範圍外的偷竊或損害等。

換個角度來說，要是打造成功事業和財富屬於你的使命和目標，神奇的事就會發生，金錢猶如海嘯浪潮，開始湧入你的生命。如果這是你的使命，你會感覺自己彷彿擁有希臘神話邁達斯國王的金手指（Midas Touch），只要寫出求助方案，呈交給內在執行長就能賺大錢。

實現人生目標、完成使命時，你也許會財庫飽滿，可能身無分文，也可能兩種情況在不同人生時刻輪流上演。每個人情況不同，也絕對不是社會要我們相信的那樣，富裕或繁榮本身

並沒有是非對錯、好壞善惡、值得嚮往與否，也不是你身而為人的基本權利，不是一個人的價值測量標準，更不是人生與事業中值得奮鬥的終極目標。

　　有時就如我先前所說，財務壓力是一份經過包裝的禮物，非要經歷過才能體會這份禮物的美好。無論你覺得自己想要什麼、運用哪種策略或技巧、社會或同儕團體口中的好壞成功是什麼，若真的是天注定，你的人生和財富就會按照命運安排一一實現。但要了解一個重點：不論何時，你都只會擁有足夠的錢（或你能擁有的錢），去實現你的人生目標，不多也不少。

　　正因為你不一定能清楚意識到，致富是否屬於你的目標，抑或何時才是最佳賺錢時機，所以如果你有滿滿動力，就按照本書的建議，和內在執行長合作，提出求助方案。要怎麼知道致富是不是你的使命？應用第11元素系統，和內在執行長聯手，你就能找到正解。

　　下一章，我們會把焦點放在目的地，討論如何當個有錢人。

CHAPTER
11

如何當個有錢人

你來到人世不只是為了賺錢維生,更是為了帶著更遠大的願景、充滿期許和成就的美好心靈,讓世界變得更富饒。你來到人世是為了豐富世界,要是你忘了這項任務,就會變得窮困潦倒。
——美國前總統伍德羅·威爾遜(Woodrow Wilson)

已逝的石油大亨保羅・蓋蒂在著作《如何致富》中寫道：「我覺得現代社會太強調**致富**、累積財富，卻幾乎沒人關注『如何當個有錢人』的重要議題，好好享受財富帶來的特殊待遇和特權同時，也該知道履行財富帶來的責任。」

　　蓋蒂提出的論點非常重要，也是應用第11元素系統的關鍵環節之一。多年前我參加一場為期9天、節奏非常緊湊的研討會。研討會的其中一項伸展運動，就是攀登一根15公尺的電線桿，想辦法在最高點站穩（空間狹小到兩腳站立都很難），然後跳下電線桿，降落在4.5至6公尺遠的高空鞦韆，並抓穩鞦韆開始搖盪，完成任務。我可以爬上電線桿，也可以爬到最高點，完全沒問題，可是當我爬到頂端，往前縱身一躍，雙手抓住高空鞦韆，體重卻無法抵抗地心引力，我手沒有抓穩，無法擺盪，最後沒有獲得伸展運動的終極勝利。

　　我很不滿意自己的表現，因為我想要最終的勝利，於是下來後詢問主持人：「剛才發生什麼事了？我明明有足夠的距離，雙手也已抓到高空鞦韆，卻沒能抓穩，為什麼會這樣？」他回答我：「每個人情況不一樣，但我可以和你分享主持這項活動多年累積的心得。你站在電線桿最高處時，可能心裡是這麼想的：『我得**抓住**高空鞦韆，我得**抓住**高空鞦韆。』但你可能忘記告訴自己：『我得抓住高空鞦韆，牢牢抓緊，然後開始盪。』你只專注在抓到高空鞦韆而已，所以最後只抓到高空鞦韆，沒能成功盪起來。」

　　我回想這次經驗，他的分析似乎全部說中，於是我又回去

重新接受挑戰,這次我專注抓住高空鞦韆,牢牢抓緊,然後開始盪,最後獲得終極勝利。更重要的是,我腦中閃過「原來如此」的頓悟令我永生難忘。我們常常定義自己的理想成果,汲汲營營於成就,卻很少認真思考,走到那步之後要做什麼,或是我們為何要走到那一步。

走到那一步之後,你打算做什麼?當你事業有成、賺到大錢,你要做什麼?當你運用第11元素系統更上一層樓,你打算做什麼?你為何想走到這一步?你必須不斷向自己提出這些問題,而且在得到解答後運用系統求助。

事業有成、賺到大錢之後,責任也跟著降臨,不僅是對自我的責任,也有對他人的責任,這時你會面臨許多全新挑戰。本章主要針對3個相關主題探討:

1. 財富和成功到手後,放大你得到的好處。
2. 克服財富和成功帶來的挑戰。
3. 事業有成、財富入袋後不忘助人,為社會盡一份責任。

財富和成功到手後,放大你得到的好處

應用第11元素系統,確保你、你的家人、你在乎的人,能夠盡可能享受到你創造(或仍在創造)的財富成就,以及財富**持續帶來的優勢**。這很類似第4章定義的「生活方式祈使句」,但重點不是只如此,還有你在乎的人和你個人的生活品質。套用

第11元素系統，讓自己和他人變得快樂健康、心靈富足。要是我們把重點放在改寫負面，人生中遭遇的各種負面情況，通常就變得可以接受或容忍。

你是否能改變自我內在和外在的某些條件，提升整體生活品質？你想要繼續努力工作，獲得同樣甚至更好的成果，卻減少工時嗎？還是想要彈性的工作時間？你比較想居家辦公，不去辦公室嗎？你是否想要更常外出旅遊、和家人相處，還是純粹放鬆？你想退休，利用個人時間做些不一樣的事嗎？如果是，你想做什麼？怎麼進行？任何大小事都可以擬定求助方案。

你是否有甩不掉、或大或小的健康問題？撰寫求助方案，找出核心成因、根治解決。

你是否有苦苦糾纏的情緒問題，內心有一按下就憤怒、沮喪、悲傷、自我懷疑或憂鬱低迷的按鍵？是否有你想要克服的恐懼？撰寫求助方案，找出情緒問題糾纏不休的核心成因，一勞永逸解決問題。

人際關係呢？無論是公事還是私人，哪些層面可以改善？如果有的話，撰寫求助方案，揪出核心成因，改善問題。

還有其他導致你生活品質下滑的事物嗎？如果有，都可以寫進求助方案，揪出核心成因，獲得改善。

擁有數百萬美元家產的英國富翁史都華・葛史密斯（Stuart Goldsmith）在《百萬富翁的七宗祕密》（*Seven Secrets of the Millionaires*）中寫道：「有智慧的人在踏向財富之路前，早已決定『足夠』是多少……如果你曾賺到一筆為數龐大的財富，就會

深深陷入驚人的成功中無法自拔，並且想要趁勝追擊，更拚命快速賺更多錢，要是途中碰壁，就會試著更拚命快速奪回失去的一切。簡言之，無論如何，你工作只會更拚命快速，至於賺多少才夠，就是你面臨最大的挑戰。」

「賺多少才足夠？」是一個很難回答的問題，尤其是剛起步，還在努力拚財富的階段。答案也許會隨著人生不同階段，以及你的世界實現哪些任務而有改變，但不時向自己靈魂拷問很重要。

蓋蒂這麼描述他的朋友哈爾‧賽莫爾（Hal Seymour）：

從個人自由的角度出發，哈爾自認很富有。他總能做自己想做的事，也總有時間去做這些事。他很少錯放機會，總是不時提醒我這一點，就這方面來說，我確實比他窮多了。他過世前幾年常常寫信給我，每封信都是以挖苦幽默卻充滿寓意的招呼開頭：「致財富方面的世界首富……」我不得不承認我很羨慕哈爾時間如此充裕，這是現代人普遍忽視冷落的一種富有。從物質的角度出發，也許我很富裕，但在時間方面我一直覺得自己很窮。我的時間連續幾十載都被公事占據，我幾乎沒空去做自己喜歡的事，閱讀我想讀的書，寫我想寫的書。我一直都渴望遠行至世界的偏遠角落，去我從沒去過的地方。

除了「賺多少才足夠？」這個問題，如果你已賺到錢，以下是幾個自問的問題。如果你還在奮鬥，等你達到目標，也可以問問自己：

- 我能否過著零壓力的簡單生活？對我有幫助嗎？
- 我可以減少工時、去做我想做的事嗎？
- 如果我賺到更多錢，我要拿這筆錢做什麼？
- 我是否深陷「還不夠多」的無限循環，卻毫無意識，不清楚背後理由或真實動機？
- 我的公事和機遇是很令人興奮期待，但放慢腳步、減輕壓力是否合理？
- 一切努力都是為了什麼？

出過兩次事件後，我就不覺得這個問題有那麼難回答了。由於我不斷逼自己拚事業，喘息時間不足，最後筋疲力盡。有次我覺得有點累，一口氣請了90天假，想要好好放鬆休息，可是當我真正停下工作後，卻很快發現自己根本沒有餘力或心情做其他事，只是不斷看電視電影，睡醒繼續看。我花了整整一年休息，才慢慢走出過勞狀態。有了這段經歷之後，我更能輕易告訴自己，夠了就是夠了，也能夠視情形調整工作節奏。

你的另一半、家人朋友呢？你能夠怎麼幫助他們，或利用第11元素幫他們解決問題、獲得他們期望的理想成果、解決健康問題，抑或療癒情感傷口？務必思考各種幫助身邊及你影響範圍內的人的可能性，再視狀況提出求助方案。

換句話說，掃描你人生和生活方式的各個層面（還有你在乎的人，他們的生活方式與人生），看看哪裡不夠理想，有什麼拖垮你的生活品質，需要調整改善，接著應用第11元素系

統,提出改進的請求。我目前也是這麼做,而且已進行好幾年,現在我進步飛速,快樂指數提升了、心靈平靜、個人情緒療癒、精氣神和睡眠品質更好、健康問題掰掰(包括背痛、成人痘、高膽固醇、慢性疲勞)。我敢說你認識的人之中,有的人即使功成名就、財運亨通,卻過得不快樂、壓力爆表、身體不健康,或者內心空虛寂寞,再不然你大概也看過類似狀況。

千萬不要變成這種人!記得,除了使命和人生目標定義的事物,你都可以運用第11元素系統,改變或創造事物,沒有極限。所以盡情解放你的想像力吧!

克服財富和成功帶來的挑戰

拚搏奮鬥事業和財富到了一定水準後,你就開始進入**盈餘**的境界,意思是你的現金和資產總是處於盈餘狀態。這個階段會出現全新挑戰,盈餘越多,挑戰越大。你生活圈中的人越多(配偶、另一半、孩子、父母、你其他在乎的人,或有責任照顧的人),問題就越複雜。舉個例子,一旦到達盈餘階段,你就得發展策略,結交能助你一臂之力的盟友:

- **投資及增長盈餘**。找到增長盈餘的方法,保留初始資金,只冒你能承擔的風險。太多投資選項可能讓你暈頭轉向,甚至喘不過氣,要是沒找到正確策略,或是運用不得當,很可能造成嚴重失誤和巨大損失。

- **保護你的資產**。盈餘越多,就越需要好好保護自我和資產,不受法律訴訟和其他可能攻擊影響。這方面可以運用策略,但你得先知道是哪些策略,並且為了獲得最高利益,應該如何用於你個人的特殊情境。如果你的資產龐大,一定要做好萬全保障,以預防各種損失和風險。我某位朋友擁有價值數百萬美元的房子,卻在一場雪崩中毀損,由於他沒有適當的保險可理賠,最後宣告破產。
- **將資產傳承他人**。如果你有配偶、伴侶、孩子或其他心愛的人,而你想在離世後把資產交給他們,或是意外死亡後用這筆錢照顧他們,就得儘早謹慎規劃可能的情況。這裡你一樣可以運用特殊策略,包括可在某個特殊階段提領的壽險,但你必須曉得你運用的策略是什麼、如何套用在你個人的特殊情境上,為所有相關人士爭取到最高利益。
- **減少繳納稅務**。你賺的錢越多、擁有的越多,需要繳納的稅金就可能越高。身為公司老闆的你有許多可用策略,以符合道德倫理的合法方式,繳納最低所得稅和資產稅。這裡一樣,你必須找到最適合你的策略,思考該如何在你個人的特殊情境應用策略。
- **打造被動收入管道**。視你個人的情況、喜好、財富本質和架構而定,也許你想把重點放在打造多條被動收入管道,意思就是說,無論你今天是否要踏出家門工作,都有一大筆錢自動流入你的銀行帳戶。你可以透過房地產、

投資、直銷、擁有一間以上的公司（而且公司不需要你親力親為，也不必支付產品製作的智慧財產權或特許權費用等方式），創造不同被動收入管道。
- **規劃退休**。一樣，你也許會希望根據你的情況、個人喜好、財富本質和架構，安排你的退休生活，確定你和另一半能在自己選擇的年齡退休，高枕無憂地過你喜歡的生活方式。

另外，如果你有屬於自己的公司，就必須決定哪種法律架構最適合公司事務。組織架構是一間或是多間公司（如果是，哪一種？），有限公司、獨資企業、信託公司，還是以上的合體？你必須根據答案思考策略，決定銀行帳戶及公司之間的資金流動。

視你個人的特殊狀況而定，獲得心心念念的商業成功和財富之後，你可能會面臨其他挑戰。想在面對挑戰和類似的情況下取得協助，最好不要從有限的意識觀點出發，選擇聘用顧問、投資顧問、股票經紀人、會計、稅務律師、壽險經紀人、理財顧問或資產保護專家，而是去找你的內在執行長，專為你和你的特殊狀況找到最適宜的解決方案。遇到這類挑戰時，請務必使用第11元素系統求助。

事業有成、財富入袋後不忘助人，
為社會盡一份責任

　　我祖父最愛引用的一句話（也是他的生活準則）來自美國哲學家威廉・詹姆士（William James），他說：「生命最高的意義，就是為了超越生命本質的事物奉獻。」

　　我祖父是一個慷慨大方的人，幫助過許多他影響範圍內的人。先說他創辦了現在依舊活躍的萬寶華公司，影響了無數密切關係人和服務使用者的人生。

　　他將個人時間貢獻在他認為有價值的活動上，捐款協助他信念支持的活動，組織慈善基金會，過世多年後依然持續捐贈善款。他也致力幫政府打造革新方案，協助改善社會弱勢族群的生活。簡言之，他深深相信，回饋幫助他創業致富的社會大眾、社群、國家就是他的責任。

　　有次他這麼寫道：「所謂健全的國民，就是對自我周遭發生的事富有責任感，並且從自我發展的含苞待放，綻放成全心全意服務貢獻社會。健全的國民認為服務動機和圖利動機同樣重要，這兩者要是融合地恰到好處，就能『移山挪海』。」

　　蓋蒂的父親在他年輕時傳授他一門課，以下是他的說法：「如果某個人經商，那他的考量重點就是**支配**資金。我先前說過，最好的用錢術就是把錢投資在懂得壓低成本、為更多人創造優質產品和服務的企業。他的目標應該要是開設經營一間公司，該公司要能盡一己之力，帶動正面的世界經濟活動，讓所

有人的生命變得更美好。奮力拚搏的商人錢賺得很合理，也能從中獲得最大滿足。」

如果你有一間公司，該公司營運不只觸及一個社群，那你就能應用第11元素系統，以求助方案改善你影響的社群生活品質，現在只等你開口而已！

有沒有一路上幫你打造事業成功和財富的密切關係人？如果有，你要怎麼運用個人資源或第11元素幫助他們？你可以運用這套系統擬定求助方案，譬如「我想要達成以下事業目標，但拚事業的同時，我也想盡可能正面影響密切關係人的生活，請幫我完成這個目標。」

藍海軟體出售時，除了兌現股票期權、支付公司法律費用，該公司首席執行長霍伯斯也發放超優紅利給貢獻最多的公司員工。有些紅利給得很慷慨，有些不多，員工貢獻得越多，津貼紅利也越高。

霍伯斯有天下午來我辦公室，聊到紅利對員工的影響：「我之前不曉得這筆錢可能帶來哪些影響，後來大家來我的辦公室，和我分享他們都是怎麼用這筆錢，例如：出錢讓姪子姪女上大學、幫父母付手術醫藥費、買屋旅遊。他們以各種方式幫助身邊的朋友孩子，看見這筆紅利的流動形成影響力，真的很不可思議。」

你想將部分盈餘捐贈慈善機構，或是用在有意義的活動嗎？如果你有此意願，或許已對某活動充滿熱血，再不然可以應用第11元素系統求助，找到最能與你個人產生共鳴、帶來正

面效應的慈善活動。有很多人、專案、活動需要資金，要是獲得你捐贈的善款，就可能對世界形成正面影響。

無論賺到的盈餘多寡，慈善機構捐款並非人人的義務，也不是誰都**應該**做的事，但我還是相信回饋社會、帶給世界正面效應，無論是哪種貢獻都好。我的目標是透過本書和其他事業，發揮龐大的正面社會效應，而透過你個人選擇的行業回饋社會，絕對也算得上一種方式。你也可以把重心放在發揮個人所長，或在個人影響範圍內，盡可能形成正面龐大的影響力，擴及孩子、朋友、同事、熟人、密切關係人、公司、社群等。

回饋社會、協助他人的方法有很多，所以擬定求助方案時，為自己希望或需要的任務提出求助時，也務必盡可能提出能夠正面影響他人的求助方案，想方設法發揮影響力。

你是否覺得回饋社會遙遙無期？畢竟你現在財務壓力龐大，債臺高築，等著你還錢，或是憑你目前的收入，連帳單都很難付清？沒問題，現在先把這件事謹記在心，目的只是先讓你留意和思考，一旦事業有成、飛黃騰達，你能夠貢獻什麼。這就是本章的用意，趁你跳下電線桿、盪起高空鞦韆前，現在就開始思考！

記住，如果你的內在執行長還沒利用你的貢獻，正面影響他人人生，而你也還沒提出請求，影響力自然不會形成。不過一旦提出請求，就等於打開一扇門，開啟了非得要求才會實現的各種可能，也就是協助他人的可能，所以務必要提出要求！

運用個人財富盡社會責任不僅能幫助他人，也能帶給你喜

悅、滿足、驕傲（要是這些感受正好對你很重要）。要是你的願望真誠而發自內心，你的主自傳檔案就能修改得更好，多一筆正面紀錄：「這人之所以經商，是因為想提供客人優質服務，為自己創造財富，幫助所愛的人，並盡可能正面改善世界上其他人的生活品質。」你看出來了嗎？這樣的主自傳檔案紀錄，對你的成就可造成正面龐大影響，別忘記我祖父說的結合賺錢和服務動機。

我個人在創業過程中遇過本章提到的所有要素：創造事業成功和財富、放大財富與成功帶來的好處，幫助自己和影響圈的人、克服財富和成功帶來的挑戰、財富入袋後不忘助人，為社會盡一份責任。

我現在清楚看見每項要素都樂趣無窮又有成就感，同時卻充滿挑戰。因此我決定開設終極生活方式學院，提供資源給想要走上相同道路的人。課程主軸的面向包羅萬象，像是協助他人致富、管理財富、財富成長、組織財務商業架構、改善生活品質、找到貢獻回饋的方法。

我要傳達的訊息很簡單：抗拒誘惑，不要滿腦子只想著**致富**，現在你理解了當個**有錢人**的意義，留意思考如何當個有錢人，接著應用第11元素系統，努力**當上有錢人**。

這趟旅程的最後一步，就是交給你行進指令，也就是指導你從現在起要走的每一步，盡可能享受書中提到的好處。

CHAPTER

12

執行第11元素

成功是一段旅程⋯⋯不是目的地。
——作家班・史威勒(Ben Sweetland)

我們總算走到這一步，現在你已經拿到我答應給你的新拼圖塊，拼上我們相遇前你已拼到一半的拼圖，令人興奮期待的強大畫面和計畫躍入眼簾，引導你走向符合人生目標和使命的財富成功之路。旅程剛開始時，你只有**普通視力**，現在你的視力猶如**X光**，看見許多人無形的事物，例如：驅動我們打造事業成功和財富的引擎本質和幕後祕辛。

每當你學會新知或拓寬觀點，嘗試銜接全新點子、資訊、企圖、執行之間的缺口時，都會面臨巨大挑戰。雖然征服缺口很難，但放下這本書後立即採取幾個簡單步驟，你就能利用第11元素系統無縫接軌。我稱之為行進指令。

心理勵志和成功術業界有一個專有名詞：**晒黑效應**。晒黑效應是一種現象，讀完一本書、聽了一組錄音帶，或是參加完研討會，整個人陷入振奮期待的情緒（就像特地去太陽底下晒出小麥肌），可是一旦回到日常生活，所有興奮消逝乾涸，什麼效果都不剩（就好比小麥肌褪色淡去）。

我不打算給你稍縱即逝的小麥肌，而是長久效應，推你走向第11元素之路，而且是**長期不間斷地**運用這套系統，省時省力獲得最亮眼成果，同時享受過程。我會在本章分享幾個補充觀點，強化第11元素的關鍵概念，提供幾個簡單步驟，讓你一放下書就能集中火力、立即採用。

不管你想要拚出哪種事業和財富成果，都有可以選擇的策略。你當然也能試著自己來，以個人意識和智力的有限觀點出發，從你看見和處理的事項下手。但現在你也知道了，這種方

法其實非常局限。你可以找專家和其他人，從他們的個人意識和智力的有限觀點出發，聽聽他們是怎麼觀看和處理問題，不過想必你現在也很清楚，這種方法充滿缺陷又非常局限。

你可以**隨機碰運氣**，按照往常的做法，暗許內在執行長不知不覺中批准你的求助方案，它的指導和訊息也能自動送上門，進入你的意識知覺。當然也有隨機碰運氣就能成功發財的案例，不過就如同羅伯特・艾倫在序言中所說，運用有條有理的系統和工具，你就能省時省力又省錢。

或者你也可以主動出擊，應用第11元素系統，透過內在執行長和無形網路，每天善用龐大的原始力量，搜尋最能推你一把的人才、點子、資源、技術、策略。

你會選哪一個？如果你選擇主動應用第11元素系統，就必須堅持下去，不要再走回頭路，全心全意運用這套系統，和內在執行長攜手合作，讓「舞步」盡可能有效率、高效、順暢、優雅。

為事業成功和財富打拚的同時，你最不希望的就是雙眼蒙蔽或綁手綁腳，而是睜大雙眼。在開設、拓展、經營公司，尋找並善用機會，遠離失敗圈套，創造、管理、儲蓄財富等方面，都要套用第11元素系統，善加利用手邊**所有資源**和力量。拚事業的同時，你也要持續關注工作對個人身心健康、快樂、壓力指數、人際關係、家庭生活，以及你在乎的人的生活造成什麼影響，並且套用系統求助，因應情況做出適度調整和改進。

如何馬上收割第11元素系統的好處

以下是放下這本書後，立刻就能收割的步驟：

1. **設定與內在執行長溝通的訊息寄送系統**。你可能會決定使用請求信函箱、電腦文件匣或其他方法，把求助方案寄給內在執行長。不論你選擇什麼方式，都要實際設定系統，寫信給內在執行長，告訴它你選擇的方法，請它觀測留意你的行動，然後利用你選擇的訊息寄送系統，把求助方案寄給內在執行長。
2. **選擇「緊急求助」信號**。需要協助的時刻，你會希望能直接寄送求助方案給內在執行長。所以下一步就是選擇你個人專屬、易於辨識的信號，然後寫信給內在執行長，告訴它你選擇的信號，以及它需要觀測注意的動態。利用你在第1步選擇的訊息寄送系統，把求助方案寄給內在執行長。
3. **條列出所有你需要它協助的工作**。就像我們在第4章討論的，掃視你的現況，完整列出你**現在**需要協助的工作案、渴望、需求、問題清單。慢慢來，認真思索，盡可能清晰完整列出來。
4. **清單依照優先順序排列**。依據重要性，排序第3步列出的清單事項。要是**馬上**就能實現，依照最可能影響你事業財富、生活品質追求的順序排列。

5. **清單最上方再加一筆**。寫好清單，也排列出優先順序之後，再加上一條事項，然後放在第一優先位置，請求內在執行長盡可能幫你透澈理解和應用第11元素系統，熟悉精通每項要素，一路上收割最多好處。

6. **檢視求助方案的指導方針**。檢視指導方針，確定你透澈理解所有方針，以確保每份求助方案有機會獲得批准實現。你可以照第4章的指導方針撰寫求助方案。

7. **打造第一份求助方案**。選擇清單最上方的4條事項（包括第5步中你選為第一優先的求助事項），個別擬定求助方案。事後可以再補充求助方案，但先從前4項開始，聚焦這4項就好。

8. **把這4份求助方案寄給內在執行長，等待批准**。利用你在第1步選擇的訊息寄送系統，把前4份求助方案寄給內在執行長，等待批准，然後放掉執念，不要預設成果是否實現、何時及如何實現等立場。

9. **耐心等候信號、徵兆、行動、動態、決定時機點**。求助方案通過審核後，你的世界會開始出現騷動，耐心等候，保持一貫的開放心態，眼觀四面、耳聽八方。

10. **做出決定，採取行動**。決策和行動的時刻降臨時（遲早會降臨的），你就要下決定、採取行動（如果還不清楚，可以提出求助方案），然後繼續光速前進，直到理想成果完整實現。

11. **適當運用「緊急求助」信號**。若是需要即時協助，無論何

時都別忘了使用信號，提出請求。這一點很容易忘記，但要是記得的話，就會威力十足、影響力強大！

12. **致力投資時間與精力，晉升高手**。應用第11元素系統是一種技能，正如初次接觸其他技能，想要達到如魚得水、技能精湛，最終變成大師高手是需要時間的。現在就全心全意投資必要的時間精力，成為大師吧。

13. **傳授密切關係人技巧**。如果你的事業（現在或未來都好）有密切關係人參與，可以在你感覺自在的範圍內，傳授他們第11元素，讓他們也能應用這套系統，你可以從中獲得更多掌控力量，實現理想成果。不是人人都能和這套系統產生共鳴，或是心甘情願套用，但是使用的人越多，對周遭的人就越好。你也可以和親朋好友分享這套系統。

14. **檢視關鍵概念，直到變成下意識的動作**。反覆練習便可熟能生巧，所以常把這本書拿出來重讀，尤其是第4、5、6章，直到系統應用在腦中成為內建模式，養成習慣，不用多想就能自動套用。

15. **歡慶勝利，心平氣和地面對延遲和「拒絕」**。包括我在內，很多人急著解決問題或進行下一個任務，因而經常忘記放慢腳步，慶祝自己的勝利。花點時間慶祝勝利的時刻，用心感受求助方案通過、實現、獲得斐然成果的喜悅，平心靜氣去接受延遲和拒絕。

16. **戴上你的X光眼鏡**。善用每個能戴上X光眼鏡的機會，

從第11元素的角度研究其他人的成功故事，無論是閱讀文章、收聽專訪、閱讀傳記，或是請其他人分享他們的故事，都能強化你對這套系統的振奮期待和驅動力，你也更有動力持續應用第11元素，直到你的成果製造出**自我驅策循環**。你也可以考慮開始寫日記，記錄你在自我和他人的人生中，戴上X光眼鏡後注意到的事物。也可以記錄提出求助方案之後，你在生活中捕捉到的各種信號、徵兆、訊息、動向。這類紀錄在未來幾年也許會很有價值，也很精采。

17. **一條條劃掉清單事項，持續提出求助方案。**當你深受動力驅使，完成前4項求助方案，就能進一步擬定其他清單事項的求助方案。緩慢確實地行動，不要操之過急。思考如何打造求助方案，分配剩餘求助方案的時間，才不會剛開始套用系統，就得同時解讀太多動向、信號、徵兆，忙不過來。
18. **享受系統帶來的樂趣。**打拚事業成功和財富的路上，可能會面臨艱辛、挫折、迷惘、痛苦，然而當你真正擁戴第11元素的概念和系統，一切都會化繁為簡、輕鬆有趣，即使是艱難的時刻也是。當情況變得輕鬆、有趣、簡單，你的生活品質也會跟著提升。

要是能夠確實照著以上18個步驟進行，你就會發現完成這個過程不太耗時，這18個步驟能幫你集中火力，增加你對這套

系統的信心，而你從中獲得的好處也能**延續一輩子**，所以時間與精力的小小投資不算什麼。

內在執行長總是盡心盡力在幫你

第11元素的旅程在此劃下句點，我希望這趟旅程在不同方面都能帶給你深遠改變，驅策你的人生走向事業與財富的全新道路，激勵你思考這趟旅程及目的地，同時把焦點放在如何**致富和當個有錢人**。

在這個過程中或努力實現理想成果的路上，你再也不會感到孤單，因為你現在知道，內在執行長和它的助理員工一週7天、24小時待命，致力做好每一份工作，以確保在你踏出每一步時，它們能助你一臂之力。

你再也不需套用有缺陷或公式般的策略，因為你現在已經學會在你個人的情境、性格、渴望、需求、使命、人生目標下，尋覓和吸引符合個人需求、專為你客製、對你最好的人才、點子、資源、技術、策略。

盡可能應用第11元素系統，即使已經飛黃騰達，請持續套用。記得焦點要放在成果以及最終的生活方式，保持彈性與開放態度，盡可能享受這趟旅程，同時要是有機會的話，這一路上也別忘了主動幫助他人。

感謝你與我共度這段時光，祝福你不管哪一方面，都是人生勝利組，一切順利安好。

附錄

如何揪出並消除負面檔案

本篇附錄將傳授你揪出並消除負面檔案的各種技巧，我們會循序漸進，從簡單步驟開始，慢慢進行至複雜步驟。某些技巧可以自行運用，有些則需要找搭檔，或是有配合搭檔效果更好。

解釋技巧之前，我想清楚說明以下4點：

1. **揪出並解除負面檔案需要投入時間與精力**。雖然這些技巧看似萬靈丹，實際上卻不是這麼一回事。你或許能輕鬆快速就揪出並消滅負面檔案，但負面檔案也可能令人捉摸不定，需要慢慢抽絲剝繭，才能找到核心問題。重點是什麼？耐心。只要保持耐心，回饋絕對值得！
2. **人生目標和使命仍是你的驅動力**。無論你多麼努力，運用哪種技巧，只要揪出或修改負面檔案，不屬於你此時此刻（或一直以來）的人生目標或使命，你怎樣就是無法揪出修改。和所有任務一樣，你的內在執行長會觀測你的行動，依照你的人生使命、目標、目前或未來的工作案評估狀況，只修改會實際影響你長遠利益的檔案。另外，打從你出生那刻就開始有負面檔案，而且不斷累積，隨著你每天的思想、感受、行動與日俱增。不管負面檔案哪一天開始形成，內在執行長都會運用扯後腿的負面檔案，幫你實現人生目標、完成使命。負面檔案的功能往往像是煞車、速度控制器、繞道、一條你可以上下「高速公路」的交流道，為的就是帶領你實現理想成果（就如

第10章仔細探討的那樣)。即使你不喜歡負面檔案造成礙手礙腳或不好的影響,和求助方案遭拒一樣,負面檔案還是常常帶來不錯的禮物。但要是負面檔案不再有存在的必要,你的內在執行長就會與你合作,攜手修改或消除負面檔案,我接著要和你分享的技巧,在這時對你的影響最強大。

3. **不要上簡單技巧的當**。雖然運用技巧、堅持到完整成果出爐,可能要花點心血與時間,但你會發現,即使技巧簡單,卻強效無比!

4. **你最好的選擇絕對是向內在執行長寄出求助方案**。儘管本篇提供的技巧威力非常強大,最好的解決之道永遠還是向內在執行長主動求助,揪出並消滅負面檔案。我之所以提供技巧,是因為有一種以上的技巧,或許正好就是你的內在執行長選擇幫你的方法,而我希望你快速輕鬆獲得這些法寶。

消滅負面或限制性的主自傳檔案紀錄(負面檔案)模板

每當要寫消滅負面檔案的求助方案,我自己、客戶、學員都是套用以下的基礎模板:

親愛的＿＿＿＿：

　　我一直努力達成＿＿＿＿的目標，卻遲遲不見進展，我懷疑是主自傳檔案紀錄阻礙我的發展。

　　若確實如此，而這次變更紀錄又符合我的使命和人生目標，請麻煩你親自出馬幫忙，或是指引我找到對的可用人才、點子、資源、技術、策略，揪出不良影響的紀錄，然後變更、解決、剔除或消滅負面紀錄，不再扯我後腿或礙手礙腳。

　　從我個人有限的意識觀點為出發，以上就是我認為我想要的，請幫我達成目標，甚至超越這個目標。

[簽名]

以下是我自己運用,同時推薦客戶和學員的技巧,我們先從揪出負面檔案的技巧講起,再進階講到消滅負面檔案的技巧。

負面檔案揭穿術 1:改良你的求助方案

每一次寫求助方案,都是你確實揪出和消滅負面檔案的機會。其實這是求助方案的第 12 條指導方針,我刻意保留到主自傳檔案的探討章節。你可以在求助方案的「備註」或主要段落,加入諸如此類的句子:「若有限制我追求理想成果的負面檔案,請你在可掌控的能力範圍,幫我修改檔案,或消滅檔案,不要讓它們對我造成礙手礙腳的負面影響。」

你的內在執行長和控制室職員很聰明,擁有海量情報資訊,但要是不凝聚焦點,它們無法追蹤每一個負面檔案,畢竟檔案實在太多!它們不知道所有可能對你未來發展造成影響的負面檔案,但如果你願意按照我的建議,在求助方案中加上幾個字,求助方案一旦通過,它們就會揪出所有影響求助方案的負面檔案,而你可以把這當成一張保單。

內在執行長不會撒謊,也不會扭曲事實真相,如果可能對你造成負面或礙手礙腳的檔案內容屬實,它們可能無法幫忙修改。例如:要是你的公司正面臨財務困境,不及時改變就無法撐不過 4 週,除非狀況改變,否則內在執行長無法修改紀錄。又或是你的產品或服務無法如實解決問題或履行承諾,除非你改變產品或服務,否則檔案恐怕無法修改。或如果你的服務部門、客服或技術支援出現嚴重紕漏,需要 6 個月以上的時間矯

正,而要是問題不確實解決,檔案內容就無法更動。

然而要是檔案加入「是這樣沒錯,但⋯⋯」之類的字,或是你矯正個人行為、策略或表面溝通內容,通常就能更動修改負面檔案,這也是為何在所有傳送給內在執行長的求助方案中,你必須要求它幫你處理負面檔案。

負面檔案揭穿術2:提出有魔力的問題

問問自己:「無形網絡中,哪一種檔案特別活躍,才導致我今日的局面?」舉個例子,我25歲左右時,注意到一個反覆出現的模式。當時我一口氣接了好幾份工作案,再不然同時進行幾份自己的專案,事業很成功,步步高升,更上一層樓,就在我準備好迎接重大突破時,莫名奇妙發生一件自我毀滅的事,於是又得打掉重練。

這種模式反覆持續了5遍,直到我提出這道問題,然後運用下面附錄提供的技巧,才揪出並消滅干擾我的負面檔案。我發現起因是我小時候見證父親賺大錢,但從我個人有限的觀點來看,他的犧牲也不少:健康問題、兩場婚姻最後離異告終、每日暴怒、處於高壓狀態,與我、哥哥、姊姊的親子關係緊繃。這麼多年來我累積的負面檔案(內在執行長審核通過了,是因為這個負面檔案能實現我的人生目標),都在在表示:「別讓他太成功,否則他會傷害身邊的人,包括自己。」

曾有一陣子,我只要踏進公眾場合就切換成自動隱形模式,飽受服務生、銷售員、加油站員工、店員、所有人忽視冷

落。我發現我不論走到哪都遭人無視,即使他們都好好招待其他人(所以不是他們真的在忙,不是所有人都得像我那樣傻等他們)。

這個模式不斷浮現,我才總算發現干擾我人際關係的負面檔案。由於這個模式實在太持久強大,我明白了無形網絡中肯定有負面檔案,而且不斷告訴大家:「請忽視這傢伙。」

你是否也有某種持久強大、長期無法擺脫的模式?如果是,是哪種負面檔案攪局,你的生活中才會浮現這種模式?

負面檔案揭穿術3:請教身邊的人

有時旁人會反覆聽見或看見你的某種表現,或許是你當局者迷,但究竟是否有干擾你的負面檔案,旁觀者通常能看得一清二楚。如果出現你不喜歡的發展,或是得到一個你不滿意的結果,你懷疑是否有扯後腿的負面檔案,不妨問問身邊的人,是否注意到你對此說了什麼,或有什麼想法,或許能顯示負面檔案的存在,或是透露一絲線索。

負面檔案揭穿術4:搭電梯

這個技巧非常有效又好玩。先選一個遭受負面檔案阻礙的問題、渴望或需求,閉上眼睛,深呼吸幾下,想像自己走進電梯,用心去感覺電梯下了10層樓。你抬頭仰望顯示樓層的小螢幕,望著樓層慢慢下降。電梯來到一樓,門打開了,你的眼前豁然出現一條長長的走道,左右兩側有許多扇大門,而你正面

對最尾端的那扇門。

你踏上走道查看每扇門,直到看見一扇標記「阻撓我達成X目標的負面檔案」的門,確定你當下願意走進室內、揪出阻礙,不願意的話可以馬上掉頭離開,改天再試。如果願意的話,直接打開那扇門走進去,你會發現室內有個可以與你對談的人,或是一個象徵物、某種東西,帶你一瞥干擾你的負面檔案,或至少稍微給你概念。

如果是象徵物,可能需要你花點時間或動動腦,才能解開謎團,但我見識過這個技巧的效力有如魔法,如果能和一個搭檔配合,一步步解密,請他向你提出問題,例如:你在房間裡發現什麼、對你有何意義等,效果通常最好。

負面檔案揭穿術5:吐出來!

這個技巧一開始聽起來也許很怪或讓人不適,但我敢拍胸脯保證絕對有效!這招是我從伯尼‧剛瑟醫師(Bernie Gunther)那裡學來的。內心默想某個你非常想要、卻可能遭受負面檔案干擾的成果。留意一下心心念念的成果受到阻撓,會是什麼感受,盡量想像阻礙帶給你的感受,接著上身前傾,發出嘔吐聲,想像自己朝地板吐出一堆「東西」,看看那堆「東西」,問你自己:「那是什麼?」

任由第一個念頭飄入腦海,你可能發現是父母對你說的一句話、一個信念、一種負面思想模式,什麼都可能。每個人發現的東西都不同,而那坨「東西」其實就是不斷傷害你的負面檔

案,也可能是一條強烈線索,告訴你要去哪裡找答案。

負面檔案揭穿術6：向優秀直覺輔導師求助

我在第6章提過,有的人天賦異稟,天生具備深入無形網絡的本領,能夠和你的內在執行長「交涉」,獲取關於你的寶貴情報。我稱這種人為**直覺輔導師**。如果你覺得有扯自己後腿的負面檔案,請優秀的直覺輔導師幫忙解讀,不失是揭穿負面檔案最快的方法。

負面檔案揭穿術7：魔法書

我一直都利用也超愛這項技巧。多年前,我在腦中想像一個山頂靜修中心,那裡有一棟方方正正的建築物,中央走道兩側分別有好幾間房,其中一間特別用來處理負面檔案。我會閉上眼,深呼吸,全身放鬆,進入冥想狀態,想像自己走上靜修中心的中央走道,步入負面檔案處理室。室內有一個高聳木架,木架上擺放一本書,那是一本皮革裝訂、厚重古老的大書。

我走向那本書,在腦中大聲喊出:「如果我有負面檔案,請告訴我阻礙我人生中達成X目標的主因。」接著我翻開想像中的那本書,直到翻至引起我注意的某一頁,然後念出上面的文字。要是你真的有負面檔案,書頁上的文字就會揭露阻礙你進展的檔案本質。

負面檔案揭穿術8：魔法金句

在一張空白頁紙上，寫出以下句子，也可以對自己或搭檔大聲念出：

「我父親曾說金錢是⋯⋯」
或者
「我父親曾說財富是⋯⋯」
或者
「我父親曾說成功是⋯⋯」

想到什麼詞就填入什麼，抵擋批判、修改、思考或分析結果的陷阱誘惑。寫下你腦中浮現的字詞，也可以請搭檔幫你寫下，任由想法自由流動，不要刻意思考，不要修改。

繼續寫下諸如此類的句子：「我父親曾說⋯⋯」，填上你腦中浮現的文字和你「聽見」的話語，直到傾倒乾淨，腦中空無一物，而你也感覺結束。

接著重複這個過程，這次改成：「我母親曾說＿＿＿＿⋯⋯」

要是強烈影響你童年或財務的人不是父母，而是別人，也可以進行相同練習，把「父親」和「母親」換成那個人的名字，或是加入父母之外的人，多進行幾輪。

我曾在研討會及與客戶進行這個練習，這項簡單技巧為大家帶來的突破，每每都令人震驚不已，他們也持續挖掘出自己過去毫無意識卻造成嚴重傷害的負面檔案。

消滅負面檔案

有時光是意識到負面檔案就能帶來突破,而且當下就能瓦解。但如果你還需要採取別的行動,不妨試試以下技巧。第一步,和往常一樣,最有效的做法就是寄求助方案給內在執行長,內容大概如下:

親愛的＿＿＿＿：

我剛發現一個我認為可能干擾我發揮＿＿＿＿實力的負面檔案。

那就是：＿＿＿＿＿＿＿＿＿＿＿。(試描述負面檔案。)

請你親自出馬幫我，或是引導我找到對的可用人才、點子、資源、技術、策略，幫我揭開負面檔案的核心成因，然後解除、根治或改變，讓它不再對我的人生有任何礙手礙腳的負面影響。

從我個人有限的意識觀點出發，以上是我認為我想要的，請你幫我達成目標，甚至更高目標。

[簽名]

再者你也可以找天賦異稟的人代勞，不但幫你揭露負面檔案（像是直覺輔導師），還能立即改變或消滅負面檔案。我稱這類人為**治療師**。

第三，利用以上技巧揪出負面檔案後，找一張白紙寫下，放進一只碗缽、容器或壁爐內，放一把火燒掉。屏氣凝神仔細望著紙張燒成灰燼，直到完全熄滅為止。焚燒對你的內在執行長和助理員工來說，具有非常強效的象徵意義，清晰傳遞出明確訊息：「全部解除吧！」

如果選用**魔法書技巧**，可依照以下方法：想像你讀著這一頁，然後奮力撕下，丟進處理室中央的陶瓷大碗，點燃火把或焚燒工具（我用的是高科技雷射槍），放一把火燒掉。焚燒同時在內心默想：「全部解除吧」之類的句子（或你當下有感覺的話），望著紙張焚燒殆盡，直到火焰完全熄滅。

燒光殆盡後，在書中找到空白頁，寫下你想取代負面檔案的內容，然後重複這個過程。再次翻開魔法書，隨機翻著書頁，尋找你有感覺的句子，揪出負面檔案，念出來後撕下這一頁，丟進碗缽中焚燒，證實你已經消滅瓦解負面檔案，接著再寫下新句子。持續這個過程，直到你再也不想再翻開書為止。

消除負面檔案時會碰到兩種可能，一種是檔案內容屬實，這時你可以補充「是這樣沒錯，但……」等句子。另一種可能是檔案已不再真實，而你想更新內容，以下是這兩種情境：

1. **為檔案補上一句「是這樣沒錯，但……」**。假設你有個很

棒的產品,但公司正面臨財務困境,也許攸關生存危機。」假設這就是你在魔法書中找到的負面檔案,客人正是因為負面檔案,擔心你的公司狀況不穩,才不敢買你的產品。遇到類似情況,你或許能在空白頁寫下:「沒錯,我的公司現在確實是有財務困難,但這改變不了一個事實,那就是我們家的產品能確實履行承諾(以及其他責任),即使公司出事,我們和艾克米服務公司(Acme Service Company)有合作關係,該公司會根據我們的合約條款,繼續提供產品和支援。最後我想說的是,我們真心希望公司蓬勃發展,要是你願意以客人的身分支持協助我們,我們感激不盡,也答應你會竭盡所能提供服務與支持,確保你從購買的產品獲得應享好處。」

2. **改變真實的檔案內容**。假設你發現目前有個檔案說:「不,千萬別買我的產品,因為我的公司可能因此成功,而我不值得成功。」這種情況下,你也許可以在白紙寫下這句話代替:「無論過去我抱著什麼信念,現在的我相信我值得成功。」

相信你已經懂了。要是負面檔案真的假不了,當然無法改變,但你可以補充情報,而且最好要是發自內心,如果已成過去式就修改內容。如果你選擇的不是魔法書技巧,只需要向內在執行長提出求助方案,幫你補上:「是這樣沒有錯,但……」,或是請它幫忙修改真實的檔案內容。

處理負面檔案時,就和使用第11元素系統一樣,要有耐心,相信內在執行長,還有別忘了:欲速則不達!

下列兩個技巧兼顧揪出和消滅負面檔案兩大步驟。

負面檔案揭穿術9:一起打花式撞球吧

你每說一句話、做一件事、周遭發生某事,都會啟動某種心理反應,衍生想法、感受、行動等回應。在心理勵志書中,這種過程通常叫作心理編程或條件反射。

以各種方式刺激心理模式和內心,揭露深埋心底的負面檔案,或許是一種十分受用的做法。當內心存在負面檔案,而且正好和你的欲望或渴望產生衝突,抑或相牴觸,你的欲望和負面檔案就會彼此碰撞,彈往不同方向。

想像一下花式撞球。當你用一根撞球桿敲擊1號球,1號球擊中2號球,2號球移往某方向,最後滾進球袋。

用這個技巧揭露負面檔案很類似打撞球。你要用象徵個人欲望的「撞球桿」敲擊1號球(也就是你人生中想要打造或改變的事物),1號球擊中2號球(產生衝突的負面檔案),2號球移往某方向,接著「滾」進你的意識知覺,好讓你能夠移除負面檔案。

這項技巧的用意是製造「碰撞」,揪出礙事的負面檔案。

做法有好幾種,你可以選擇你覺得最有用的那(幾)種。試試看最吸引你的方法,或是每一種都嘗試,看哪種對你最有效。你也可以自行改良,變成你喜歡或對你效果更好的新技術。

每種做法皆可拆解成3步驟：

1. **製造碰撞**。你可以大聲說出口，或是寫在一張紙上。
2. **留意浮出表面的負面檔案**。務必把資訊內容寫在紙上。
3. **改寫或消滅負面檔案**。包括第7章及本附錄前面解說的幾種方法（消滅負面檔案）。

若要開始消滅負面檔案，可以挑選你人生中想要改變或創造的一件事，精簡濃縮成一句話，例如：「我想從事熱愛的工作，年薪超過15萬美元。」

這句話要盡可能言簡意賅，不用多想或查看字條，就能不斷重複（口頭或寫下都好）。我稱這是**簡單宣言**。

記住，你的目標是製造揭穿負面檔案的碰撞。現在再回到先前的花式撞球比喻，想要達成目標，你就要以不同方式擊中「撞球」。以下是幾種值得一試的方法：

- **堅定清晰做出簡單宣言，寫下來或大喊出來都行**。例如：寫在紙上或大喊：「我想從事熱愛的工作，年薪超過15萬美元。」然後觀察你的想法和感受，看看這句宣言是否與負面檔案相互碰撞，接著寫下你注意或聽到的東西。例如：你可能會聽見「想都別想，未免太好高鶩遠了吧。」，或是聽見「我明年絕對不可能賺到這筆錢。」你也可能會感受某種情緒，譬如恐懼、焦慮等，無論是什麼

都寫在紙上,然後**重複這個過程**,直到你能寫下簡單宣言,最後感受全無,也聽不見、看不見任何負面檔案。
- **逼自己說出問題**。例如:「我賺不到這一大筆錢,是因為……」觀察自己的感受想法,看看你製造出哪種碰撞,腦海會怎麼完成這句話,然後一樣**寫出你注意到的事物**,**重複過程**,陳述問題、留意及寫下感受和想法,直到最後內心毫無雜音,可以直接做出簡單宣言。

你可以和搭檔一起使用以上技巧,和搭檔進行的過程也很類似,對方只需引導你堅定清晰做出簡單宣言或陳述問題。

再來就是執行時,由搭檔問你意識裡是否浮現任何想法,並且寫下你的回應,接著持續提問,直到你內心再也沒有雜音。

負面檔案揭穿術10:終極搭檔技巧

以下是改良自多年前我從化身課程學到的技巧。

和前面的概念類似,同樣是製造碰撞,揪出負面檔案,但這個技巧更為進階。

當你運用前述技巧,負面檔案往往會浮出表面,一旦你解除負面檔案,就走上正軌。

這個方法還附帶一種力量,那就是負面檔案本身或揪出負面檔案的線索,有時是以非語言的型態出現,例如:感受、肢體動作、眼睛抽搐等。

在無人協助的情況下,要揪出或解除非語言型態的暗示比

較困難,光憑自己可能很難注意到。但要是有搭檔就沒問題。雖然聽起來有點奇怪,但光是處理好非語言型態的提示,往往就能一勞永逸踢出負面檔案。

一如往常,這個過程也從你當下最想實現的事開始,精簡濃縮成一句宣言,也就是你的簡單宣言,接著按照下列步驟進行:

1. **做出簡單宣言**。搭檔可以對你說:「請做出簡單宣言。」
2. **尋找碰撞**。做出宣言後,你的搭檔會問你:「是否有負面檔案?」意思是問你:「說出宣言後,你腦中是否浮現某句話語、感受、其他線索?」你回答有或沒有後,說明個人感受。你的搭檔也會寫下他的觀察或感受,負面檔案可能是你對自己說的話、某種感受、肌肉抽搐、左肩輕微拱起、眨眼,任何顯現或暗示有東西與你的欲望「碰撞」的徵兆。
3. **搭檔寫下浮出表面的負面檔案**。搭檔寫下他們留意或聽見的負面檔案。
4. **開始解除負面檔案**。下一步剛開始也許會很尷尬,但無論如何都請你照著做,因為威力十足。無論浮現什麼,都務必誇大表現出來。要是負面檔案是以話語的形式出現:「我今年絕對不可能賺到這一大筆錢」,你就重複這句話,而且要誇大這句話給你的感受、能量、以及你在腦中聽見的語調,各個方面都不要漏掉,全部誇張表現

出來！如果負面檔案是以肢體動作的形式呈現，也請誇大展現。要是輕微眨眼，就**戲劇化地誇大**並重複眨眼的動作。如果是左肩稍微拱起，就盡請放大動作！變成左肩**猛烈**抽動隆起，不斷重複誇大動作，直到你感到負面力道或煩躁情緒消退。就如我先前所說，這個方法也許會讓人不舒服或尷尬，需要花點時間，卻是非常受用的做法。伸展身心，盡興去做，要知道這是你送給自己的天大禮物。

5. **回頭檢查**。誇大重複動作，感覺負面檔案的力量消失之後，搭檔重複這個過程，再次測試負面檔案是否已經消除。你的搭檔會再說一次：「請做出簡單宣言。」等你做出宣言，搭檔會問：「是同一個負面檔案嗎？」如果是，請重複第3、4、5步，直到同一個負面檔案不再存在，這時就能進行第6步。

6. **重複這個過程，直到你感覺清空**。再回到第1步，重複這幾個步驟，直到沒有負面檔案浮現為止，但過程中還是可能出現新的負面檔案。

7. **焚燒搭檔幫你寫下觀察紀錄的紙**。找一個安全容器，把紙張丟進去焚燒，要是你感覺對了，點火前說出以下肯定句：「隨著這張紙焚燒，礙事的想法、感受、信念、負面檔案也跟著消失殆盡。」

致謝

　　和任何成就或成果一樣，沒有大家的貢獻與協助，這本書就不可能構思誕生。

　　我最要感謝的是我的祖父艾倫・施特富，他在我12歲那年開始傳授我第11元素系統的核心準則，而他的成就和哲學也在我人生的每一天持續激勵我。

　　我要特別感謝我的經紀人麥克・布羅沙德，謝謝他對我和這本書有信心，因而接下我這個客戶，幫我實現與紐約大型出版社合作出書的夢想。

　　我也由衷感激約翰威立出版社的編輯艾蕾・史都華，謝謝她一眼就看出第11元素的價值，而且和麥克與我一樣超級興奮期待，我們都相信這本書的編輯非她莫屬。

　　謝謝羅伯特・艾倫竭盡所能，幫我腦力激盪點子，形塑推銷這本書的提案，幫我寫序言，還不斷以他在出版界的典範和成就激勵我。

　　這本書的英文書名《第11元素》來自我那滿腦子創意的好友藍迪・蓋吉（Randy Gage），多虧他在哥斯大黎加的集體培訓課程中幫我發想書名。謝了，藍迪！

　　我要特別感謝我的同事亞曼達・史密斯（Ａｍａｎｄａ

Smith），謝謝她以專業姿態幫我管理網路公司的具體大小細節，讓我有時間以平靜心靈追求其他事業，而這本書也包括在內。謝了，亞曼達！

沒有布萊恩・畢維特（Brian Bevirt）幫我「按摩」和編排手稿，這本書就不可能趕上截稿期。多謝你的協助與支持，布萊恩。

我的好友戴爾・諾瓦克（Dale Novak）是一個才華洋溢的斜槓青年，身兼平面設計師和攝影師的他，與我協力設計出本書中的插圖，謝謝戴爾的貢獻和才華。

我非常感激我的太太希西莉對本書提供的智慧和寶貴貢獻，也謝謝她在我創作期間，面臨各種挑戰時不斷支持與包容我。我愛妳，我美麗的老婆，沒有妳，創作過程就不會這麼甜美。

我也想謝謝我女兒艾麗和兒子亞當加入我和希西莉的行列，讓我們組成這個完美的小家庭，並且不斷給予我創作和貢獻的靈感。

我還想謝謝成千上萬名客戶、學員、朋友、同事，他們以自己獨特寶貴的方式貢獻，協助第11元素系統的誕生與改良。

最後，我要謝謝你，恭喜你找到這本書。這絕對不是純屬意外，不管是什麼，我們的相遇互動都會創造出寶貴價值，謝謝你這段時間的陪伴！

國家圖書館出版品預行編目(CIP)資料

無形網絡元素：豐盛顯化最關鍵的環節，連結宇宙無形網絡，轉動財富與成功的顯化密鑰 / 羅伯特．薛弗德 (Robert Scheinfeld) 著；張家綺譯. -- 初版. -- 新北市：虎吉文化有限公司, 2024.10
　面；　公分. -- (Mind；8)
譯自：The 11th element : the key to unlocking your master blueprint for wealth and success.
ISBN 978-626-98356-5-2(平裝)
1.CST: 成功法
177.2　　　　　　　　　　　　　　　113014928

虎吉文化

Mind 08
無形網絡元素
豐盛顯化最關鍵的環節，連結宇宙無形網絡，轉動財富與成功的顯化密鑰

作　　者	羅伯特・薛弗德（Robert Scheinfeld）
總 編 輯	何玉美
校　　對	張秀雲
封面設計	丸同連合
內頁設計	丸同連合
排　　版	陳佩君
行銷企畫	鄒人郁
發　　行	虎吉文化有限公司
地　　址	新北市淡水區民權路 25 號 3 樓之 5
電　　話	（02）8809-6377
客　　服	hugibooks@gmail.com
經 銷 商	大和書報圖書公司
電　　話	(02)8990-2588
印　　刷	沐春行銷創意有限公司
初版一刷	2024 年 10 月 30 日
定　　價	400 元
Ｉ Ｓ Ｂ Ｎ	978-626-98356-5-2

Copyright © 2003 by Robert Scheinfeld
Complex Chinese edition Copyright ©2024 Hugibooks
Original English edition is published by John Wiley & Sons, Inc.
This translation published under license.
All Rights Reserved.

版權所有・翻印必究